BUKU MASAKAN DEEP FRYER VEGAN TERBAIK

100 Makanan Cepat dan Mudah, Sihat untuk Penggoreng Udara anda

SAARVINDRAN VEERASAMY

Bahan Hak Cipta ©2023

Hak cipta terpelihara

Tiada bahagian buku ini boleh digunakan atau dihantar dalam apa jua bentuk atau dengan sebarang cara tanpa kebenaran bertulis yang sewajarnya daripada penerbit dan pemilik hak cipta, kecuali untuk quotasi ringkas yang digunakan dalam semakan. Buku ini tidak boleh dianggap sebagai pengganti nasihat perubatan, undang-undang atau profesional lain.

ISI KANDUNGAN

ISI KANDUNGAN 3
PENGENALAN 6
SARAPAN DAN BRUNCH 7
   1. Granola Buatan Sendiri yang Mudah 8
   2. Kentang Manis 10
   3. Lubang Donat 12
   4. Kentang Sarapan Asas 14
   5. Tempe dan Veggie Scramble 16
   6. Sarapan Pagi (Pan)Kek 18
   7. Telur Bayam 20
   8. Tempe Bacon 22
   9. Sandwic Bacon dan Telur 24
   10. Sayuran Gaya Miso 27
SELERA MAKAN DAN SNEK 29
   11. Air Fryer Kerepek Ubi 30
   12. Kerepek Kale Penggoreng Udara 32
   13. Batang Ikan Penggoreng Udara 34
   14. Kerepek Epal 36
   15. Air Fryer Edamame Panggang 38
   16. Air-Epal Berempah Goreng 40
   17. Slider dan Bacon Bloody Marys 42
   18. Sayur Telur Gulung 44
   19. Kerepek Kentang Barbeku 46
   20. Kentang Goreng Soya 48
   21. Kentang goreng berperisa 50
   22. Jalapeño Poppers 52
   23. Bebola Keju Mac 'n' Pedas 54
   24. Wonton Sayur Goreng 57
   25. Kicap Pedas 59
   26. Avocado Goreng 61
   27. Beany Jackfruit Taquitos 63
   28. Pretzel Goreng Udara 65
   29. Tauhu Goreng dengan Sambal Kacang 68
   30. Cendawan Breaded 70
   31. Sayap Vegan 72
   32. Chickpea Barbeku Panggang 74
   33. Tomato Herba Balsamic 76
   34. Kentang goreng 78
   35. Kembang Kol Kerbau 80
   36. Cheesy Dill Polenta Bites 82

37. Pucuk Brussels Panggang 85
38. Skuasy Acorn Panggang 87
39. Biji Labu Tamari 89
40. Gegelung Bawang 91
41. Skuasy Butternut Maple 93
42. Kerepek Kale 95
43. Tomato Hijau Goreng 97
44. Parmesan terung 99
45. Goreng Sayur Campur 101
46. Kentang Cheesy Wedges 103
47. Kentang Hasselback 105
48. Poutine 107
49. Kentang Goreng Manis 109
50. Kentang Goreng Umami 111

HIDANGAN UTAMA 113
51. Bit dengan Gremolata Oren 114
52. Salmon dengan Balsamic Bayam 116
53. Skuasy Patty Goreng herba bawang putih 118
54. Steak Cendawan 120
55. Kuah Kacang Putih Cendawan 122
56. Kale dan Nugget Kentang 124
57. Tauhu Goreng Asas Udara 126
58. Tauhu Mongolia 128
59. Tauhu Berkulit Bijan 130
60. Sambal Goreng Tempe 133
61. Tempe Kab 136
62. Kacang Gigante Bakar 138
63. Pizza Peribadi 140
64. Hot Dog Goreng 142
65. Anjing Jagung 144
66. Kentang Bakar Sumbat 147
67. Kacang Hijau Goreng dan Bacon 149
68. Spaghetti Bakar 151
69. Bebola Daging 153
70. Seitan Chick'n-Style Bakar 155
71. Campuran Seitan Kering 157
72. Steak Chick'n-Fried 159
73. Pai Chick'n Pot 162
74. Taco goreng 165
75. Keju Bakar Gourmet 167
76. Chickpea dan Brokoli Panggang 169
77. Seitan Fajitas 171
78. Salad Taco 173
79. Nasi Goreng Tempe 175

80. Gulung Bunga Kimchee Curl Soya 178
81. Lasagna Casserole 180
82. Kentang, Taugeh dan Keriting Soya 182
83. Calzone 184
84. Sushi Gulung Goreng 186

HIDANGAN SAMPINGAN 188
85. Kembang kol Air Fryer 189
86. Kentang goreng Jicama 191
87. Kebab Sayur 193
88. Spaghetti Skuasy 195
89. Salad Quinoa Timun 197
90. Kentang Limau 199
91. Terung Gaya Asia 201
92. Kacang Hijau Gaya Cina Pedas 203
93. Campuran Terung Herba dan Zucchini 205
94. Bok Choy rebus 207

PENJERAHAN 209
95. Buah Hancur 210
96. Poket Pastri Buah 212
97. Epal Bakar 214
98. Topping Buah-dan-Kacang Karamel 216
99. Halia-O goreng 218
100. Apple Pie Taquitos 220

KESIMPULAN 222

PENGENALAN

Selamat datang ke "Buku masakan deep fryer vegan terbaik" sumber utama anda untuk 100 makanan cepat dan mudah, sihat yang akan meningkatkan pengalaman menggoreng udara anda. Buku masakan ini meraikan keenakan berasaskan tumbuhan, menjemput anda untuk meneroka kepelbagaian dan kemudahan penggoreng udara dalam menghasilkan hidangan vegan yang sihat. Sama ada anda seorang chef vegan yang berpengalaman atau baru dalam gaya hidup berasaskan tumbuhan, resipi ini direka untuk memberi inspirasi kepada anda untuk mencipta hidangan berperisa dan berkhasiat dengan kuasa penggoreng udara anda.

Bayangkan sebuah dapur yang dipenuhi dengan bunyi mendesis alat penggoreng udara anda, aroma menggoda sayur-sayuran yang garing dengan sempurna, dan kegembiraan apabila mengetahui anda sedang mencipta makanan yang bukan sahaja lazat tetapi juga berkhasiat. "Buku masakan deep fryer vegan terbaik" adalah lebih daripada sekadar koleksi resipi; ia adalah panduan untuk menjadikan masakan berasaskan tumbuhan mudah diakses, cekap dan sangat lazat. Sama ada anda inginkan snek rangup, hidangan utama yang lazat atau pencuci mulut yang lazat, buku masakan ini ialah pasport anda kepada kecemerlangan masakan vegan dengan keajaiban penggoreng udara.

Daripada sayur-sayuran goreng udara klasik kepada burger berasaskan tumbuhan yang inovatif dan pencuci mulut tanpa rasa bersalah, setiap resipi adalah perayaan kemungkinan yang mementingkan kesihatan dan penuh rasa yang dibawa oleh penggoreng udara ke dapur anda. Sama ada anda memasak untuk diri sendiri, keluarga anda atau melayan tetamu, resipi cepat dan mudah ini akan mempamerkan dunia masakan goreng vegan yang lazat.

Sertai kami sambil kami memulakan pengembaraan masakan melalui "Buku masakan deep fryer vegan terbaik" di mana setiap ciptaan adalah bukti kesederhanaan, kesihatan dan keenakan hidangan goreng udara berasaskan tumbuhan. Jadi, nyalakan penggoreng udara anda, nikmati kemudahan memasak vegan, dan mari menyelami 100 hidangan cepat dan mudah, sihat yang akan memuaskan selera anda dan menyuburkan badan anda.

SARAPAN DAN BRUNCH

1. Granola Buatan Sendiri yang Mudah

BAHAN-BAHAN:
- 2 cawan (220g) kacang pecan, dicincang
- 1 cawan (85g) kelapa palsu
- 1 cawan (122g) badam dihiris
- 1 sudu teh (2.6g) kayu manis
- 1 Sudu Besar (18g) semburan minyak kelapa

ARAHAN:
a) Dalam mangkuk besar, campurkan pecan, serpihan kelapa, badam yang dihiris, dan kayu manis yang dikisar.
b) Kabus sedikit dengan semburan minyak kelapa, toskan, dan kabus sedikit lagi.
c) Alas bakul air fryer dengan kertas pembakar.
d) Tuang adunan ke dalam bakul.
e) Masak pada suhu 160ºC, selama 4 minit, toskan dan masak selama 3 minit lagi.

2.Kentang Manis

BAHAN-BAHAN:
- 450 gram ubi keledek
- 1/2 biji bawang putih, potong dadu
- 3 sudu besar minyak zaitun
- 1 sudu teh paprika salai
- 1/4 sudu teh jintan manis
- 1/3 sudu teh kunyit kisar
- 1/4 sudu teh garam bawang putih
- 1 cawan guacamole

ARAHAN:
a) Panaskan unit dengan memilih mod AIR FRY selama 3 minit pada 325 darjah F.
b) Pilih START/PAUSE untuk memulakan proses prapemanasan.
c) Setelah prapemanasan selesai, tekan START/PAUSE.
d) Kupas dan potong kentang menjadi kiub.
e) Sekarang, pindahkan kentang ke dalam mangkuk dan tambah minyak, bawang putih, jintan putih, paprika, kunyit, dan garam bawang putih.
f) Masukkan adunan ini ke dalam bakul Air Fryer.
g) Tetapkannya kepada mod AIR FRY selama 10 minit pada 390 darjah F.
h) Kemudian keluarkan bakul dan goncangkannya dengan baik.
i) Kemudian sekali lagi tetapkan masa kepada 15 minit pada 390 darjah F.

3. Lubang Donat

BAHAN-BAHAN:
- 2 sudu besar mentega bukan tenusu sejuk
- 1/2 cawan ditambah 2 sudu besar gula kelapa, dibahagikan
- 1 sudu besar serbuk pengganti telur jenama Ener-G atau pengganti kuning telur vegan kegemaran anda
- 2 sudu besar air
- 2 1/4 cawan tepung serba guna yang tidak diluntur
- 1 1/2 sudu teh serbuk penaik
- 1 sudu teh garam
- 1/2 cawan yogurt tanpa tenusu biasa atau vanila
- 1 hingga 2 spritzes minyak kanola
- 1 sudu teh kayu manis tanah

ARAHAN:

a) Dalam mangkuk besar, satukan mentega dan 1/2 cawan gula dan gaul rata, menggunakan tangan anda sehingga membentuk gumpalan.

b) Dalam mangkuk atau cawan kecil, pukul pengganti telur dengan air. Masukkan ke dalam mentega dan gula dan gaul rata. Mengetepikan.

c) Dalam mangkuk sederhana, satukan tepung, serbuk penaik, dan garam.

d) Masukkan adunan tepung ke dalam adunan mentega dan gaul rata. Lipat dalam yogurt. Gaul sehingga menjadi doh.

e) Gulungkan kepingan doh menjadi bebola 18 (1 inci) dan susunkannya di atas loyang besar atau sekeping kertas parchment.

f) Griskan penggoreng udara dengan minyak. Panaskan penggoreng udara hingga 360°F selama 3 minit. Pindahkan lubang donat ke bakul penggoreng udara. Masak selama 8 minit, goncang separuh masa memasak.

g) Campurkan baki 2 sudu besar gula dan kayu manis di atas pinggan. Gulungkan lubang donat panas sedikit dalam gula kayu manis sebelum memindahkannya ke rak pembakar untuk menyejukkan.

4. Kentang Sarapan Asas

BAHAN-BAHAN:
- 2 biji kentang merah atau russet besar, digosok
- 1 biji bawang kuning kecil, potong separuh bulan (potong bawang separuh memanjang, kemudian potong mengikut garisan bawang)
- 1 sudu teh minyak zaitun extra-virgin atau minyak kanola
- 1/2 sudu teh garam laut (pilihan)
- 1/4 sudu teh lada hitam

ARAHAN:
a) Panaskan penggoreng udara hingga 360°F selama 3 minit. Cincang kentang dalam pemproses makanan atau dengan parut keju menggunakan lubang besar.
b) Pindahkan kentang dan bawang yang dicincang ke dalam mangkuk sederhana. Masukkan minyak, garam (jika guna), dan lada sulah. Toskan dengan penyepit untuk menyalut.
c) Pindahkan ke bakul air fryer. Masak selama 12 hingga 15 minit, atau sehingga perang keemasan, goncang setiap 3 minit. Hidangkan panas.

5. Tempe dan Veggie Scramble

BAHAN-BAHAN:
- 8 auns tempe
- 2 ulas bawang putih, dikisar
- 1 sudu teh kunyit kisar
- 1 sudu teh jintan kisar
- 1/2 sudu kecil serbuk cili
- 1/2 sudu teh garam hitam
- 1/4 hingga 1/2 cawan sup sayuran rendah natrium
- 1 hingga 2 taburan minyak zaitun extra-virgin
- 1 cawan cendawan cremini yang dicincang kasar (atau cendawan kegemaran anda)
- 1 biji bawang merah kecil, dibelah empat
- 1/2 cawan lada benggala yang dicincang kasar (sebarang warna)
- 1/2 cawan hirisan tomato ceri atau anggur

ARAHAN:
a) Kukus tempe selama 10 minit. (Langkah ini adalah pilihan, tetapi saya sangat suka mengukus tempe terlebih dahulu untuk membantu ia menyerap bahan perapan, menjinakkan kepahitannya dan melembutkan sedikit teksturnya.) Potong tempe kepada 12 kiub yang sama.

b) Dalam mangkuk cetek, satukan bawang putih, kunyit, jintan manis, serbuk cili, garam hitam, dan sup. Masukkan tempe yang telah dikukus dan perap sekurang-kurangnya 30 minit atau sehingga semalaman.

c) Sembur bakul penggoreng udara dengan minyak (sebagai alternatif, lap bakul dengan minyak). Toskan tempe dan masukkan ke dalam bakul air fryer. Masukkan cendawan, bawang besar, dan lada benggala.

d) Masak pada 330°F selama 10 minit. Masukkan tomato, besarkan api hingga 390°F, dan masak 3 minit lagi.

e) Hidangan: 4

f) Pilihan Tanpa Minyak: Tinggalkan minyak zaitun dan goncang kerap untuk mengelakkan melekat.

6.Sarapan Pagi (Pan)Kek

BAHAN-BAHAN:
- 1/2 cawan tepung serba guna yang tidak diluntur
- 2 sudu besar gula kelapa atau gula pasir
- 1 sudu besar serbuk penaik
- 1 hingga 2 secubit garam laut
- 1/2 cawan susu soya atau susu bukan tenusu lain
- 1 sudu besar sos epal
- 1/4 sudu teh ekstrak vanila
- 1 hingga 2 semburan semburan minyak zaitun extra-virgin

ARAHAN:

a) Satukan tepung, gula, serbuk penaik, dan garam dalam mangkuk adunan. Pukul susu, sos epal dan ekstrak vanila perlahan-lahan.

b) Panaskan penggoreng udara hingga 330°F selama 3 minit. Griskan kuali springform 8 inci (atau hidangan selamat ketuhar pilihan anda) dengan semburan minyak zaitun.

c) Tuangkan adunan ke dalam loyang yang telah disediakan. Masak pada 330°F selama 10 minit. Semak kematangan dengan memasukkan pencungkil gigi ke bahagian tengah—ia sepatutnya kering. Masak selama 2 hingga 4 minit tambahan mengikut keperluan.

d) Hidangan: 2

e) Pilihan Tanpa Minyak: Tinggalkan minyak zaitun dan lapiskan loyang dengan kertas parchment (tiada kertas harus didedahkan).

f) Gandakan atau tiga kali ganda resipi ini dan simpan adunan dalam bekas kedap udara (balang mason bagus) di dalam peti sejuk. Anda akan bersedia untuk melakukannya lagi pada hari berikutnya!

7.Telur Bayam

BAHAN-BAHAN:
- 1 cawan air sejuk ais
- 4 sudu besar Ikut Hati Anda VeganTelur
- 2 sudu besar tepung chickpea
- 1/4 sudu teh garam hitam
- 1 sudu teh Vegan Magic atau DIY "Vegan Magic"
- 1/2 cawan lada benggala merah yang dicincang halus
- 1/2 cawan bawang kuning dicincang halus
- Lada hitam yang baru dikisar
- 2 cawan bayam bayi yang dibungkus longgar

ARAHAN:

a) Satukan air, VeganEgg, tepung, dan garam dalam pengisar dan kisar sehingga rata. Mengetepikan.

b) Tambahkan Vegan Magic ke dalam kuali yang sesuai dengan penggoreng udara anda. Letakkan kuali dalam penggoreng udara dan panaskan hingga 390°F selama 3 minit.

c) Tuangkan adunan telur dadar ke dalam loyang dan masak selama 2 minit pada suhu 390°F. Masukkan lada benggala dan bawang, tepukkannya ke dalam campuran telur dadar, dan masak selama 3 minit lagi.

d) Jeda mesin untuk menambah lada dan bayam ke telur dadar. Lipat telur dadar separuh dan masak selama 5 minit lagi pada suhu 390°F. Potong 2 Hidangan: .

8. Tempe Bacon

BAHAN-BAHAN:
- 8 auns tempe
- 2 sudu besar sirap maple
- 1 sudu teh minyak alpukat atau minyak zaitun extra-virgin
- 1/2 sudu teh sos Worcestershire vegan, tamari atau kicap
- 1/8 sudu teh asap cair
- 1/2 sudu kecil lada cayenne

ARAHAN:
a) Kukus tempe selama 10 minit. (Langkah ini adalah pilihan, tetapi untuk mengetahui sebab saya mengesyorkannya, rujuk di sini .) Pindahkan tempe ke mangkuk cetek.
b) Dalam mangkuk kecil, satukan sirap maple, minyak, sos Worcestershire, asap cair, dan cayenne, pukul sehingga sebati. Tuangkan bahan perapan ke atas tempe dan perap sekurang-kurangnya 1 jam (semalaman lagi elok).
c) Masukkan hirisan tempe ke dalam bakul air fryer. Masak selama 10 minit pada 330°F. Goncang selepas 5 minit. Besarkan api kepada 390°F dan masak selama 3 minit lebih lama.
d) Hidangan: 8 keping
e) Pilihan Tanpa Minyak: Tinggalkan minyak alpukat.

9.Sandwic Bacon dan Telur

BAHAN-BAHAN:
- 1 (16-auns) pakej tauhu lebih pejal
- 1/2 cawan susu soya
- 1/4 cawan ditambah 2 sudu besar yis pemakanan
- 2 sudu teh ditambah 1 sudu teh kunyit kisar
- 1 sudu kecil serbuk bawang putih
- 1/2 sudu teh garam hitam
- 3 sudu besar tepung serba guna yang tidak diluntur
- 1 sudu besar tepung kentang
- 2 hingga 4 spritzes semburan minyak kanola
- 4 keping Tempeh Bacon atau daging vegan yang dibeli di kedai
- 4 Biskut Goreng atau biskut vegan yang dibeli di kedai

ARAHAN:

a) Toskan dan tekan tauhu.
b) Potong tauhu kepada 4 bahagian yang sama. Kemudian potong setiap bahagian kepada separuh, untuk jumlah 8 keping.
c) Dalam mangkuk kecil, pukul bersama susu, yis pemakanan, kunyit, serbuk bawang putih, dan garam hitam sehingga digabungkan. Mengetepikan.
d) Campurkan tepung dan kanji kentang bersama di atas pinggan besar untuk mengorek. Celupkan setiap keping tauhu dalam adunan susu. Kemudian sapukan sedikit setiap bahagian dengan adunan tepung.
e) Sembur bakul penggoreng udara dengan minyak kanola. Letakkan kepingan tauhu yang telah disalut ke dalam bakul dan semburkan bahagian atas tauhu secara perlahan. Masak pada 360°F selama 6 minit. Balikkan hirisan tauhu dan masak selama 6 minit lebih lama. Letakkan dua telur tauhu dan satu keping bacon vegan pada setiap biskut.
f) Hidangan: 4
g) Variasi: Gunakan Telur Bayam sebagai alternatif kepada telur tauhu.
h) Pilihan Tanpa Minyak: Mulakan dengan kertas parchment atau foil untuk 5 minit pertama memasak. Berhati-hati untuk menyalut kepingan tauhu dengan sedikit campuran tepung dan kanji, anda mungkin akan mendapat tompok putih tepung dan bukannya bahagian luar yang berwarna perang keemasan.

10. Sayuran Gaya Miso

BAHAN-BAHAN:
- 1 sudu besar miso putih
- 2 sudu besar kicap
- 2 sudu besar cuka beras
- 1 sudu teh minyak bijan (pilihan)
- 2 cawan lobak merah yang dicincang halus
- 2 cawan kuntum brokoli
- 1/2 cawan lobak daikon yang dicincang halus

ARAHAN:
a) Dalam mangkuk kecil, satukan miso, kicap, cuka, dan minyak bijan (jika menggunakan). Gaul sebati.
b) Dalam mangkuk adunan yang besar, satukan lobak merah, brokoli dan daikon. Tuangkan campuran miso ke atas sayur-sayuran dan toskan dengan penyepit untuk menyalut sepenuhnya. Panaskan penggoreng udara hingga 330°F selama 5 minit.
c) Pindahkan sayur-sayuran ke dalam bakul air fryer dan masak selama 25 minit, goncang setiap 5 minit.

SELERA MAKAN DAN SNEK

11.Air Fryer Kerepek Ubi

BAHAN-BAHAN:
- 1 ½ cawan keledek
- 2 biji keledek sederhana
- 1 sudu besar minyak zaitun extra-virgin
- 2 sudu besar gula perang organik ringan atau gelap boleh digunakan
- 2 sudu kecil serbuk cili
- 1 sudu teh jintan kisar
- ½ sudu teh garam

ARAHAN:
a) Hiris nipis ubi keledek.
b) Masukkan dalam mangkuk dengan minyak supaya setiap hirisan ubi bersalut ringan. Anda boleh menggunakan tangan anda jika anda suka.
c) Campurkan gula perang, serbuk cili, jintan putih, dan garam dalam mangkuk kecil.
d) Jika ada air yang keluar dari ubi ketika ia sedang duduk, maka anda boleh mengeringkannya.
e) Taburkan adunan perasa ke atas ubi keledek dan toskan supaya setiap hirisan ada perasa di atasnya. Mereka disalut ringan seperti dalam gambar di atas.
f) Letakkan ubi keledek dalam satu lapisan dalam penggoreng udara bersentuhan atau bertindih sedikit. Jika anda mempunyai lengan kacau dalam penggoreng udara anda yang perlu dikeluarkan.
g) Goreng Udara pada suhu 180°C (356°F) selama 6 hingga 9 minit bergantung pada tahap nipis kepingan anda.
h) Goncang bakul separuh atau kacau sedikit untuk mengeluarkannya dari bahagian bawah penggoreng udara.
i) Apabila selesai keluarkan cip ke rak penyejuk dan biarkan ia sejuk. Mereka akan menjadi lebih rangup apabila ia sejuk.
j) Selesai dan makan atau simpan dalam bekas kedap udara.

12. Kerepek Kale Penggoreng Udara

BAHAN-BAHAN:
- 1 kelompok kangkung kerinting, dicuci dan ditepuk hingga kering
- 2 sudu teh minyak zaitun
- 1 sudu besar yis pemakanan
- ¼ sudu teh garam laut
- 1/8 sudu kecil lada hitam dikisar

ARAHAN:
a) Keluarkan daun dari batang kangkung dan letakkannya dalam mangkuk sederhana.
b) Masukkan minyak zaitun, yis pemakanan, garam, dan lada sulah. Gunakan tangan anda untuk mengurut topping ke dalam daun kangkung.
c) Tuangkan kangkung ke dalam bakul penggoreng udara anda dan masak pada 390 darjah F selama 67 minit, atau sehingga ia garing.
d) Hidangkan hangat atau pada suhu bilik.

13. Batang Ikan Penggoreng Udara

BAHAN-BAHAN:
- 1 paun ikan putih seperti ikan tongkol
- ¼ cawan mayonis
- 2 sudu besar mustard Dijon
- 2 sudu besar air
- 1 ½ cawan panko kulit babi seperti Pork King Good
- ¾ sudu teh perasa Cajun
- Garam dan lada sulah secukup rasa

ARAHAN:
a) Sembur rak penggoreng udara dengan semburan masak nonstick.
b) Tepuk-tepuk ikan hingga kering dan potong menjadi kayu selebar kira-kira 1 inci kali 2 inci.
c) Dalam mangkuk cetek kecil, pukul bersama mayo, mustard, dan air. Dalam mangkuk cetek lain, pukul bersama kulit babi dan perasa Cajun.
d) Masukkan garam dan lada sulah secukup rasa.
e) Bekerja dengan sekeping ikan pada satu masa, celupkan ke dalam adunan mayo untuk disalut dan kemudian ketuk lebihan.
f) Celupkan ke dalam adunan kulit babi dan toskan hingga berlapis. Letakkan di atas rak penggoreng udara.
g) Tetapkan kepada Air Fry pada suhu 400F dan bakar selama 5 minit, balikkan batang ikan dengan penyepit dan bakar lagi 5 minit. Hidangkan segera.

14. Kerepek Epal

BAHAN-BAHAN:
- 2 biji epal, dihiris nipis
- 2 sudu teh gula pasir
- 1/2 sudu teh kayu manis

ARAHAN:
a) Dalam mangkuk besar, campurkan epal dengan kayu manis dan gula. Bekerja dalam kelompok, letakkan epal dalam satu lapisan dalam bakul penggoreng udara (ada yang bertindih tidak mengapa).
b) Bakar pada suhu 350° selama kira-kira 12 minit, terbalikkan setiap 4 minit.

15.Air Fryer Edamame Panggang

BAHAN-BAHAN:
- 2 Cawan Edamame atau Edamame Beku
- Semburan Minyak Zaitun
- Garam Bawang Putih

ARAHAN:
a) Letakkan edamame dalam bakul penggoreng udara, ini boleh segar atau beku.
b) Sapukan dengan semburan minyak zaitun dan sedikit garam bawang putih.
c) Air Fry pada suhu 390 darjah selama 10 minit.
d) Kacau separuh masa memasak jika suka. Untuk rasa rangup, goreng udara selama 5 minit tambahan.
e) Hidang.

16. Air-Epal Berempah Goreng

BAHAN-BAHAN:
- 4 biji epal kecil, dihiris
- 2 sudu besar minyak kelapa, cair
- 2 sudu besar gula
- 1 sudu teh rempah pai epal

ARAHAN:

a) Letakkan epal dalam mangkuk. Siram dengan minyak kelapa dan taburkan gula dan rempah pai epal. Kacau untuk meratakan epal.

b) Letakkan epal dalam kuali kecil yang dibuat untuk penggoreng udara dan kemudian letakkan di dalam bakul.

c) Tetapkan penggoreng udara kepada 350° selama 10 minit. Tusuk epal dengan garpu untuk memastikan ia empuk.

d) Jika perlu letakkan semula dalam penggoreng udara selama 3-5 minit tambahan.

17.Slider dan Bacon Bloody Marys

BAHAN-BAHAN:
- 2 (1/2 inci tebal) kepingan Gimme Lean Sosej atau Baked Chick'n-Style Seitan
- 2 keping Tempeh Bacon atau daging vegan yang dibeli di kedai
- 6 hingga 8 auns campuran Bloody Mary vegan
- 2 hingga 4 auns vodka (pilihan)
- 2 rusuk saderi
- 2 roti gelangsar vegan
- 2 hingga 4 biji buah zaitun hijau atau limau nipis (pilihan)
- 2 keping acar manis atau dill atau tomato ceri (pilihan)

ARAHAN:

a) Letakkan hirisan sosej dalam bakul air fryer. Masukkan bacon. Masak pada 370°F selama 6 minit.

b) Gunakan campuran Bloody Mary dan vodka (jika menggunakan) untuk mencampurkan Bloody Mary dewasa atau dara kegemaran anda. Pastikan anda menggunakan gelas yang mengandungi sekurang-kurangnya 12 auns cecair (balang mason adalah pilihan yang menyeronokkan). Tambah rusuk saderi untuk setiap minuman.

c) Pasang sosej yang telah dimasak pada roti gelangsar dan tusukkannya dengan lidi. Jika menggunakan buah zaitun dan jeruk, tambahkannya pada lidi juga. Letakkan lidi dalam setiap minuman, sandarkannya di tepi gelas. Tambah jalur bacon yang dimasak pada setiap Bloody Mary.

18.Sayur Telur Gulung

BAHAN-BAHAN:
- 1 hingga 2 sudu teh minyak kanola
- 1 cawan kobis yang dicincang
- 1 cawan lobak merah parut
- 1 cawan taugeh
- 1/2 cawan cendawan dicincang halus (sebarang jenis)
- 1/2 cawan daun bawang dihiris
- 2 sudu kecil pes cili
- 1/2 sudu teh halia kisar
- 1/4 cawan kicap rendah natrium atau tamari
- 2 sudu teh kanji kentang
- 8 pembungkus telur gulung vegan

ARAHAN:

a) Dalam kuali besar, panaskan minyak di atas api sederhana tinggi. Masukkan kobis, lobak merah, taugeh, cendawan, daun bawang, pes cili, dan halia. Tumis selama 3 minit.

b) Dalam mangkuk kecil atau cawan penyukat, pukul bersama kicap dan kanji kentang. Tuangkan adunan ini ke dalam kuali dan satukan dengan sayur-sayuran.

c) Letakkan pembungkus gulungan telur di atas permukaan kerja. Sapu sedikit bahagian tepi dengan air. Letakkan 1/4 cawan inti pada satu hujung pembalut. Mula menggulung pembungkus di atas sayur-sayuran, menyelitkan di hujung selepas gulungan pertama. Ulangi proses ini dengan baki pembalut dan isian.

d) Pindahkan gulungan telur ke bakul penggoreng udara. Masak pada 360°F selama 6 minit, goncang separuh masa memasak.

19. Kerepek Kentang Barbeku

BAHAN-BAHAN:
- 1 kentang russet besar
- 1 sudu kecil paprika
- 1/2 sudu teh garam bawang putih
- 1/4 sudu teh gula
- 1/4 sudu teh serbuk bawang
- 1/4 sudu teh serbuk chipotle atau serbuk cili
- 1/8 sudu teh garam laut
- 1/8 sudu teh mustard kisar
- 1/8 sudu teh lada cayenne
- 1 sudu teh minyak canola
- 1/8 sudu teh asap cair

ARAHAN:

a) Basuh dan kupas kentang. Potong menjadi kepingan nipis, 1/10 inci; pertimbangkan untuk menggunakan penghiris mandolin atau bilah penghiris dalam pemproses makanan untuk mencapai kepingan yang konsisten.

b) Isi mangkuk besar dengan 3 hingga 4 cawan air yang sangat sejuk. Pindahkan hirisan kentang ke dalam mangkuk dan rendam selama 20 minit.

c) Dalam mangkuk kecil, satukan garam bawang putih, gula, serbuk bawang, serbuk chipotle, garam laut, mustard dan cayenne.

d) Bilas dan toskan hirisan kentang dan keringkan dengan tuala kertas. Pindahkan mereka ke mangkuk besar. Masukkan minyak, asap cair, dan campuran rempah ke dalam mangkuk. Tos sampai kot. Pindahkan kentang ke dalam bakul air fryer.

e) Masak pada 390°F selama 20 minit. Goncang setiap 5 minit untuk memerhatikan perkembangannya. Anda mahu coklat, tetapi tidak hangus, kerepek. Makan ini segera!

20. Kentang Goreng Soya

BAHAN-BAHAN:
- 1 cawan Keriting Soya kering
- 1 cawan sup ayam vegan panas
- 1/2 sudu kecil serbuk cili
- 1 sudu kecil tepung beras perang
- 1 sudu teh tepung jagung
- 1 sudu teh minyak alpukat chipotle (atau minyak alpukat biasa ditambah 1/2 sudu teh serbuk chipotle)

ARAHAN:
a) Hidratkan semula Keriting Soya dalam sup panas selama 10 minit. Toskan Keriting Soya dan tekan perlahan-lahan dengan penyepit untuk mengeluarkan cecair yang berlebihan.
b) Pindahkan Keriting Soya yang telah dikeringkan ke dalam mangkuk besar. Masukkan serbuk cili, tepung, tepung jagung, dan minyak. Tos hingga bersalut.
c) Pindahkan Keriting Soya ke dalam penggoreng udara dan masak pada 390°F selama 8 minit, goncang separuh masa memasak.

21.Kentang goreng berperisa

BAHAN-BAHAN:
- 2 biji kentang russet besar, digosok
- 1 sudu besar minyak alpukat atau minyak zaitun extra-virgin
- 1 sudu teh dill kering
- 1 sudu teh daun kucai kering
- 1 sudu teh pasli kering
- 1 sudu kecil lada cayenne
- 2 sudu besar kacang ayam, soya, soba, atau tepung millet

ARAHAN:

a) Potong kentang menjadi kepingan 1/4 inci, kemudian potong kepingan menjadi jalur 1/4 inci. Pindahkan kentang goreng ke dalam mangkuk besar dan tutupkannya dalam 3 hingga 4 cawan air. Rendam kentang goreng selama 20 minit. Toskan, bilas, dan keringkan.

b) Kembalikan kentang ke dalam mangkuk. Masukkan minyak alpukat, dill, daun bawang, pasli, cayenne, dan tepung. Tos hingga bersalut.

c) Panaskan penggoreng udara hingga 390°F selama 3 minit. Pindahkan kentang bersalut ke dalam bakul air fryer. Masak selama 20 minit, goncang separuh masa memasak.

22. Jalapeño Poppers

BAHAN-BAHAN:
- 8 jalapeños besar
- 1 cawan keju krim bukan tenusu
- 1/4 cawan bawang besar dicincang halus
- 1 cawan serbuk roti kering tanpa perasa
- 2 sudu teh oregano Mexico kering
- 1/2 sudu teh lada hitam yang baru dikisar
- 1/2 hingga 1 sudu teh garam, atau secukup rasa
- 2 hingga 3 taburan minyak zaitun extra-virgin

ARAHAN:

a) Semasa menyediakan jalapeño, pertimbangkan untuk memakai sarung tangan lateks untuk mengelakkan kulit anda merengsa. Potong jalapeños separuh memanjang, mengikut lengkung lada. Dengan sudu kecil atau jari anda, cedok biji dan selaputnya, kerana ia mengandungi haba jalapeño (tinggalkan beberapa biji jika anda mahu haba tambahan). Ketepikan jalapeño yang telah dihiris.

b) Dalam mangkuk kecil, campurkan bersama krim keju dan bawang.

c) Dalam mangkuk sederhana, gabungkan serbuk roti, oregano Mexico, lada, dan garam.

d) Isikan setiap separuh jalapeño dengan kira-kira 2 sudu teh campuran keju krim, tekan ke dalam rongga dengan jari anda. Taburkan 1 1/2 sudu teh campuran serbuk roti ke atas keju krim. Tekan serbuk roti ke dalam keju krim.

e) Renjis bakul penggoreng udara dengan minyak. Letakkan seberapa banyak popper jalapeño ke dalam bakul penggoreng udara yang sesuai (anda mungkin perlu memasak secara berkelompok). Taburkan bahagian atas poppers dengan minyak tambahan (ini akan membantu mereka menjadi perang). Masak pada 390°F selama 6 hingga 7 minit, atau sehingga serbuk roti berwarna perang keemasan.

23. Bebola Keju Mac 'n' Pedas

BAHAN-BAHAN:
- 2 3/4 cawan sup ayam vegan, dibahagikan
- 1 cawan fusilli gandum
- 1 sudu besar mentega bukan tenusu
- 2 ulas bawang putih, dikisar
- 1/4 cawan bawang kuning dicincang halus
- 1/4 cawan ditambah 1 sudu besar tepung chickpea, dibahagikan
- 1/4 cawan yis pemakanan
- 1 sudu teh jus lemon segar
- 1/4 cawan bukan tenusu yang dicincang Daiya Jalapeño Havarti Style Farmhouse Block atau keju Gaya Pepperjack
- 1/4 sudu teh lada hitam
- 2 biji telur rami atau 2 sudu besar Ikut Hati Anda VeganTelur atau Pengganti Telur Ener-G
- 1/2 cawan air sejuk ais
- 1/2 cawan serbuk roti Itali kering
- 1 sudu teh paprika salai
- 1 sudu kecil lada cayenne
- 1/4 cawan keju Parmesan yang dicincang bukan tenusu
- 3 hingga 4 taburan minyak zaitun extra-virgin

ARAHAN:
a) Dalam periuk besar, masak 2 1/2 cawan sup sehingga mendidih di atas api yang sederhana tinggi. Masukkan fusilli dan masak selama 11 minit.
b) Dalam periuk kecil, panaskan mentega, bawang putih, dan bawang merah di atas api sederhana sederhana. Setelah mentega mendidih, kecilkan api dan reneh selama 5 minit.
c) Masukkan 1 sudu besar tepung chickpea ke dalam mentega dan pukul untuk membuat roux.
d) Toskan fusilli yang telah dimasak dan kembalikan ke dalam periuk besar. Pindahkan roux ke pasta dan kacau dalam yis pemakanan, jus lemon, dan keju. Tambah sebanyak baki 1/4 cawan sup yang diperlukan untuk konsistensi berkrim. Pindahkan fusilli ke dalam mangkuk besar, tutup, dan sejukkan selama 1 hingga 2 jam.
e) Sediakan 3 stesen pengorekan. Tuangkan baki 1/4 cawan tepung kacang ayam dalam mangkuk cetek. Satukan telur rami dan air sejuk dalam mangkuk cetek kedua. Satukan serbuk roti, paprika salai, dan cayenne dalam mangkuk cetek ketiga. Panaskan penggoreng udara hingga 390°F selama 3 minit.
f) Cedok 2 sudu besar keju mac 'n' yang telah disejukkan dan gulung menjadi bebola sehingga anda telah membuat 8 bebola. Canai setiap bola dalam tepung kacang ayam (goncang setiap satu untuk mengeluarkan lebihan tepung), kemudian celupkan bola ke dalam telur rami, dan akhirnya salutkan bola dengan campuran serbuk roti. Ketepikan setiap satu di atas pinggan atau sekeping kertas minyak sehingga kesemua 8 bebola keju mac 'n' disediakan.
g) Pindahkan bola ke bakul penggoreng udara. Masak selama 8 minit atau sehingga perang keemasan.

24. Wonton Sayur Goreng

BAHAN-BAHAN:
- 1/4 cawan lobak merah dicincang halus
- 1/4 cawan tauhu lebih pejal dicincang halus
- 1/4 cawan cendawan shiitake yang dicincang halus
- 1/2 cawan kobis dicincang halus
- 1 sudu besar bawang putih kisar
- 1 sudu teh halia kisar kering
- 1/4 sudu teh lada putih
- 2 sudu teh kicap, dibahagikan
- 1 sudu teh minyak bijan
- 2 sudu teh kanji kentang atau tepung jagung
- 16 pembalut wonton vegan
- 1 hingga 2 spritzes minyak kanola atau minyak zaitun extra-virgin
- Kicap Pedas Pedas

ARAHAN:
a) Dalam mangkuk besar, satukan lobak merah, tauhu, cendawan, kubis, bawang putih, halia, lada putih, dan 1 sudu teh kicap.
b) Dalam mangkuk kecil, satukan baki 1 sudu teh kicap, minyak bijan, dan kanji kentang. Pukul sehingga kanji sebati sepenuhnya. Tuangkan ke atas tauhu dan sayur-sayuran dan satukan dengan baik menggunakan tangan anda.
c) Letakkan semangkuk kecil air di sebelah permukaan kerja anda untuk membuat ladu. Letakkan pembungkus wonton rata, basahkan bahagian tepi dengan air menggunakan jari anda, dan letakkan 1 sudu besar inti di tengah. Tarik semua 4 penjuru pembalut ke atas dan tengah dan picitnya bersama-sama. Letakkan wonton dalam bakul penggoreng udara. Ulangi proses ini, menjadikan jumlah keseluruhan 16 wonton. Taburkan wonton dengan minyak kanola. Masak pada 360°F selama 6 minit, goncang separuh masa memasak.
d) Pindahkan wonton goreng ke dalam pinggan dan hidangkan bersama sos pencicah.

25. Kicap Pedas

BAHAN-BAHAN:
- 1 sudu besar kicap rendah natrium
- 1 sudu teh cuka beras
- 1/2 sudu kecil pes cili

ARAHAN:
a)   Dalam mangkuk kecil, satukan kicap, cuka, dan pes cili.

26. Avocado Goreng

BAHAN-BAHAN:
- 1/4 cawan tepung serba guna yang tidak diluntur
- 1 Telur Flax
- 1/2 cawan serbuk roti panko
- 1 sudu kecil serbuk cili
- 1 buah alpukat Hass masak, diadu dan dikupas
- 2 hingga 3 spritzes minyak kanola atau minyak zaitun extra-virgin

ARAHAN:
a) Letakkan tepung dalam pinggan cetek. Letakkan telur rami dalam hidangan cetek kedua. Dalam hidangan cetek ketiga, satukan serbuk roti panko dan serbuk cili.
b) Korek setiap separuh alpukat melalui tiga stesen salutan: tutupnya dalam tepung, celupkan ke dalam telur rami, dan salutkan dengan serbuk roti panko.
c) Renjis bakul penggoreng udara dengan minyak. Letakkan bahagian alpukat bersalut dalam satu lapisan dalam bakul penggoreng udara. Taburkan bahagian avokado dengan minyak. Masak pada 390°F selama 12 minit.

27.Beany Jackfruit Taquitos

BAHAN-BAHAN:
- 1 (14-auns) tin nangka berisi air, toskan dan bilas
- 1 cawan kacang merah yang dimasak atau dalam tin, toskan dan bilas
- 1/2 cawan sos pico de gallo
- 1/4 cawan ditambah 2 sudu besar air
- 4 (6 inci) jagung atau tortilla gandum
- 2 hingga 4 spritzes minyak kanola atau minyak zaitun extra-virgin

ARAHAN:
a) Dalam periuk sederhana atau periuk tekanan, satukan nangka, kacang, pico de gallo dan air. Jika anda menggunakan periuk, panaskan bancuhan nangka di atas api sederhana tinggi sehingga ia mula mendidih. Kecilkan api, tutup periuk dan reneh selama 20 hingga 25 minit. Jika anda menggunakan periuk tekanan, tutup periuk tekanan, tekanan, masak pada tekanan rendah selama 3 minit, dan kemudian gunakan pelepasan semula jadi.

b) Tumbuk adunan nangka dengan garpu atau tumbuk kentang. Anda berhasrat untuk mencarik nangka kepada tekstur daging. Panaskan penggoreng udara hingga 370°F selama 3 minit.

c) Letakkan tortilla di atas permukaan kerja. Sudukan 1/4 cawan adunan nangka ke atas tortilla. Gulungkannya dengan ketat, tolak mana-mana adunan yang jatuh keluar semula ke dalam tortilla. Ulangi proses ini untuk membuat 4 taquitos.

d) Renjis bakul penggoreng udara dengan minyak. Sembur bahagian atas tortilla juga. Letakkan tortilla yang digulung ke dalam bakul penggoreng udara. Masak pada 370°F selama 8 minit.

28. Pretzel Goreng Udara

BAHAN-BAHAN:
- 3/4 cawan air suam (110 hingga 115°F)
- 1 sudu teh yis segera
- 1/2 sudu teh garam
- 2 sudu teh gula pasir
- 1 1/2 cawan tepung serba guna yang tidak diluntur, dibahagikan, ditambah lagi mengikut keperluan
- 4 1/2 cawan air
- 1/4 cawan baking soda
- 1 1/4 sudu teh garam laut kasar

ARAHAN:

a) Pukul bersama air suam dan yis dalam cawan penyukat yang besar. Masukkan garam dan gula dan kacau hingga sebati.

b) Dalam mangkuk adunan sederhana, satukan 1 cawan tepung dengan bancuhan yis, kacau dengan senduk kayu. Masukkan lagi 1/4 cawan tepung, kacau sehingga doh tidak lagi melekit dan mudah dikendalikan.

c) Taburkan baki 1/4 cawan tepung di atas permukaan kerja. Pindahkan doh ke permukaan kerja dan uli selama 3 hingga 4 minit. Tambah lagi tepung jika doh melekat pada permukaan kerja atau tangan anda.

d) Selepas menguli doh, bentukkan menjadi segi empat sama 5 x 5 x 1/2 inci.

e) Dalam periuk besar di atas api sederhana tinggi, masak air dan soda penaik sehingga mendidih.

f) Sementara itu, potong blok doh memanjang kepada 5 jalur.

g) Gulungkan setiap jalur ke dalam tali 12 inci. Ambil kedua-dua hujung tali, lukiskannya bersama-sama, dan putar sepenuhnya, menggunakan tangan anda untuk membentuk bulatan dengan doh masih di atas permukaan kerja. Tekan hujung doh ke dalam bulatan, membentuk bentuk pretzel ikonik. Ulangi proses ini dengan baki tali, buat 5 pretzel.

h) Letakkan 1 pretzel pada sudu berlubang dan letakkan perlahan-lahan ke dalam air mendidih. Ia akan tenggelam dan kemudian terapung ke atas dalam kira-kira 20 hingga 30 saat. Keluarkan

pretzel dengan sudu berlubang dan pindahkan ke atasnya tikar pembakar silikon atau sekeping kertas kulit.
i) Ulangi proses ini dengan baki 4 pretzel.
j) Panaskan penggoreng udara hingga 390°F selama 5 minit. Taburkan 1/4 sudu teh garam pada setiap pretzel.
k) Pindahkan pretzel ke bakul penggoreng udara. Jika menggunakan penggoreng udara besar dengan aksesori rak, anda boleh meletakkan 2 pretzel lebih besar terus pada bakul dan 3 lebih kecil pada rak. Jika anda menggunakan penggoreng udara yang lebih kecil atau jika tiada rak tersedia, goreng pretzel dalam kelompok.
l) Masak pada 390°F selama 5 hingga 6 minit. Mula menyemaknya pada 3 minit. Anda sedang mencari hasil coklat keemasan hingga coklat gelap. Keluarkan pretzel dari penggoreng udara dengan spatula.

29. Tauhu Goreng dengan Sambal Kacang

BAHAN-BAHAN:
TAUHU GORENG
- 1 (12-auns) bungkusan tauhu pejal, toskan dan ditekan
- 1/2 cawan tepung jagung
- 1/4 cawan tepung jagung
- 1/2 sudu teh garam laut
- 1/2 sudu kecil lada putih
- 1/2 sudu kecil serpihan lada merah
- 1 hingga 2 spritzes minyak bijan

SAMBAL KACANG
- 1 (1 inci) keping halia segar, dikupas
- 1 ulas bawang putih
- 1/2 cawan mentega kacang berkrim
- 2 sudu besar tamari rendah natrium
- 1 sudu besar jus limau nipis segar
- 1 sudu teh sirap maple
- 1/2 sudu kecil pes cili
- 1/4 hingga 1/2 cawan air, mengikut keperluan
- 1/4 cawan daun bawang dicincang halus

ARAHAN:

a) Tauhu: Potong tauhu kepada 16 kiub dan ketepikan. Dalam mangkuk sederhana, satukan tepung jagung, tepung jagung, garam, lada putih dan kepingan lada merah. Masukkan tauhu kiub dan salutkan dengan baik. Pindahkan tauhu ke dalam bakul air fryer. Renjis dengan minyak bijan. Masak selama 20 minit pada 350°F, goncang perlahan-lahan separuh masa memasak.

b) Sos Kacang: Tumbuk halia, bawang putih, mentega kacang, tamari, jus limau nipis, sirap maple, dan pes cili dalam pengisar sehingga halus. Tambah air, jika perlu untuk konsistensi pekat yang cukup nipis untuk gerimis. Untuk menghidang, pindahkan tauhu ke dalam pinggan hidangan.

c) Tuangkan sos kacang ke dalam mangkuk kecil dan atas dengan daun bawang.

30. Cendawan Breaded

BAHAN-BAHAN:
- 2 penutup cendawan portobello besar, dibilas ringan dan ditepuk hingga kering
- 1/2 cawan tepung soya
- 1/2 sudu teh bawang besar
- 1/4 sudu teh oregano kering
- 1/4 sudu teh selasih kering
- 1/4 sudu teh bawang putih halus
- 1/2 sudu teh lada hitam, dibahagikan
- 1/2 cawan air sejuk ais
- 2 sudu besar Follow Your Heart VeganEgg atau 1 Flax Egg
- 1/8 cawan susu soya
- 1 sudu teh tamari rendah natrium
- 1 cawan serbuk roti panko
- 1/4 sudu teh garam laut
- 1 hingga 2 spritzes minyak kanola atau minyak zaitun extra-virgin

ARAHAN:

a) Potong topi portobello menjadi kepingan tebal 1/4 inci. Satukan tepung, bawang besar, oregano, basil, bawang putih, dan 1/4 sudu teh lada dalam pinggan atau pinggan cetek.

b) Pukul bersama air dan VeganEgg. Tuang adunan ke dalam mangkuk cetek. Masukkan susu soya dan tamari. Tuangkan serbuk roti panko ke dalam pinggan atau pinggan cetek ketiga dan tambah garam dan baki lada hitam, gaul rata.

c) Bekerja dalam kelompok, letakkan cendawan dalam campuran tepung, korek untuk menyalutnya dengan baik. Goncangkan sebarang tepung yang berlebihan dan celupkan cendawan dalam adunan susu. Goncangkan sebarang cecair yang berlebihan, kemudian letakkan cendawan dalam serbuk roti dan salutkan dengan baik. Letakkan cendawan yang telah dilapisi tepung roti di atas pinggan yang ditutup dengan kertas parchment dan ulangi proses ini sehingga semua cendawan dilapisi tepung roti.

d) Sembur bakul air fryer dengan minyak. Letakkan cendawan yang dilapisi tepung roti dalam bakul penggoreng udara (anda mungkin perlu melakukan ini secara berkelompok) dan masak pada suhu 360°F selama 7 minit, goncang separuh masa memasak.

31. Sayap Vegan

BAHAN-BAHAN:
- 1/4 cawan mentega bukan tenusu
- 1/2 cawan Sos Lada Cayenne Asli Frank's RedHot atau sos panas cayenne kegemaran anda
- 2 ulas bawang putih
- 16 hingga 18 auns Baked Chick'n-Style Seitan , dipotong 8 hingga 10 keping, atau seitan ala ayam jenama WestSoy atau Pacific
- 1/4 cawan tepung kacang
- 1/4 cawan tepung jagung

ARAHAN:

a) Satukan mentega, sos panas, dan bawang putih dalam periuk kecil di atas api sederhana selama 3 hingga 5 minit. Tuang separuh sos ke dalam mangkuk. Mengetepikan.

b) Masukkan kepingan seitan ke dalam sos dalam kuali. Gaul rata untuk menyaluti seitan.

c) Satukan tepung dan tepung jagung dalam mangkuk cetek.

d) Panaskan penggoreng udara hingga 370°F selama 3 minit. Korek kepingan seitan dalam adunan tepung, salutkannya dengan baik. Letakkan seitan dalam penggoreng udara. Masak pada 370°F selama 7 minit, goncang selama 3 minit.

e) Pindahkan sayap ke mangkuk dengan sos panas yang dikhaskan. Toskan dan hidangkan dengan keju biru bukan tenusu atau sos ladang.

32. Chickpea Barbeku Panggang

BAHAN-BAHAN:
- 1 tin (15 auns) kacang ayam, ditoskan, dibilas dan ditepuk kering
- 1 sudu teh minyak kacang tanah
- 1/2 sudu teh sirap maple
- 1 sudu kecil paprika
- 1 sudu kecil serbuk bawang putih
- 1/2 sudu kecil lada hitam
- 1/2 sudu teh mustard kisar
- 1/2 sudu teh serbuk chipotle

ARAHAN:

a) Satukan kacang ayam, minyak, dan sirap maple dalam mangkuk besar, toskan kacang ayam untuk bersalut. Taburkan paprika, serbuk bawang putih, lada, mustard, dan serbuk chipotle ke atas kacang ayam dan satukan sehingga semua kacang ayam bersalut dengan baik.

b) Pindahkan kacang ayam ke bakul penggoreng udara. Masak pada 400°F selama 15 minit, goncang setiap 5 minit.

33.Tomato Herba Balsamic

BAHAN-BAHAN:
- 1/4 cawan cuka balsamic
- 1/2 sudu teh garam laut kasar
- 1/4 sudu teh lada hitam dikisar
- 1 sudu besar oregano kering
- 1 sudu kecil serpihan lada merah
- 2 tomato besar dan padat, setiap satu dipotong menjadi 4 bahagian
- Semburan minyak zaitun extra-virgin

ARAHAN:

a) Tuangkan cuka ke dalam pinggan cetek. Masukkan garam, lada sulah, oregano, dan serpihan lada merah.

b) Celupkan setiap hirisan tomato ke dalam adunan cuka. Panaskan penggoreng udara hingga 360°F selama 3 minit.

c) Susun tomato, dalam satu lapisan, pada sisipan gril atau terus dalam penggoreng udara (anda sepatutnya boleh memasak 2 hingga 4 keping pada satu masa, bergantung pada saiz penggoreng udara anda). Untuk meningkatkan kapasiti memasak, letakkan aksesori rak di atas sisipan gril atau bakul, yang membolehkan dua lapisan tomato masak sekaligus.

d) Sudukan baki campuran cuka ke atas setiap tomato. Renjiskan minyak ke atas tomato. Masak pada 360°F selama 5 hingga 6 minit. Keluarkan tomato dengan berhati-hati dengan spatula.

34. Kentang goreng

BAHAN-BAHAN:
- 2 parsnip sederhana, dipotong dan dibasuh dengan baik
- 1 sudu teh minyak alpukat atau minyak kanola
- 1 sudu teh kayu manis tanah
- 1/2 sudu teh jintan halus
- 1/2 sudu teh paprika
- 1/2 sudu teh ketumbar kisar
- 1/2 sudu teh garam laut
- 1/4 sudu teh lada hitam
- 1/2 sudu teh tepung jagung
- 1 sudu besar tepung ejaan atau tepung beras perang

ARAHAN:
a) Potong bahagian atas dan bawah parsnip. Potong separuh memanjang. Belah separuh atau perempat bahagian tebal memanjang, sehingga semua kepingan ubi kayu kira-kira saiz yang sama.
b) Pindahkan mereka ke mangkuk besar. Masukkan minyak, kayu manis, jintan, paprika, ketumbar, garam, dan lada sulah.
c) Dalam mangkuk kecil, satukan tepung jagung dan tepung. Taburkan bancuhan tepung jagung ke atas ubi dan toskan dengan penyepit sehingga bersalut.
d) Masak parsnip pada suhu 370°F selama 15 minit, atau sehingga perang keemasan, goncang separuh masa memasak.

35. Kembang Kol Kerbau

BAHAN-BAHAN:
- 1 kembang kol kepala besar
- 1 cawan tepung serba guna yang tidak dilunturkan
- 1 sudu teh butiran bouillon ayam vegan (atau Perencah Gaya Butler Chik)
- 1/4 sudu teh lada cayenne
- 1/4 sudu kecil serbuk cili
- 1/4 sudu teh paprika
- 1/4 sudu teh kepingan cili chipotle kering
- 1 cawan susu soya
- Semburan minyak canola
- 2 sudu besar mentega bukan tenusu
- 1/2 cawan Sos Lada Cayenne Asli Frank's RedHot atau sos panas cayenne kegemaran anda
- 2 ulas bawang putih, dikisar

ARAHAN:
a) Potong kembang kol menjadi kepingan saiz gigitan. Bilas dan toskan kepingan kembang kol.
b) Satukan tepung, butiran bouillon, cayenne, serbuk cili, paprika, dan kepingan chipotle dalam mangkuk besar. Pukul susu perlahan-lahan sehingga adunan pekat terbentuk.
c) Sembur bakul penggoreng udara dengan minyak kanola dan panaskan penggoreng udara hingga 390°F selama 10 minit.
d) Semasa penggoreng udara dipanaskan, masukkan kembang kol ke dalam adunan. Pindahkan bunga kobis yang telah dipukul ke dalam bakul penggoreng udara. Masak selama 20 minit pada 390°F. Menggunakan penyepit, putar kepingan kembang kol pada 10 minit (jangan risau jika melekat).
e) Selepas memutar kembang kol, panaskan mentega, sos panas, dan bawang putih dalam periuk kecil di atas api sederhana tinggi. Didihkan adunan, kecilkan api hingga mendidih dan tutup. Setelah kembang kol masak, pindahkan ke dalam mangkuk besar. Tuangkan sos ke atas bunga kobis dan toskan perlahan-lahan dengan penyepit. Hidangkan segera.

36. Cheesy Dill Polenta Bites

BAHAN-BAHAN:
- 1 cawan santan kuliner ringan
- 3 cawan sup sayur
- 3 ulas bawang putih, dikisar
- 1/2 sudu teh kunyit kisar
- 1/2 sudu teh dill kering
- 1 cawan polenta kering atau tepung jagung
- 1 sudu besar mentega bukan tenusu
- 2 sudu besar yis pemakanan
- 1 sudu teh jus lemon segar
- Semburan minyak canola

ARAHAN:

UNTUK POLENTA:

a) Dalam periuk tekanan atau Periuk Segera: Satukan susu, sup, bawang putih, kunyit, dill dan polenta dalam periuk tekanan yang tidak bertutup (atau multicooker, seperti Periuk Segera).

b) Tutup periuk tekanan dan tekanan. Masak pada tekanan tinggi selama 5 minit. Gunakan pelepasan semula jadi selepas 15 minit. Jika menggunakan multicooker, pilih manual dan tekanan tinggi selama 5 minit. Keluarkan penutup dan kacau dalam mentega, yis pemakanan, dan jus lemon.

c) Di atas dapur: Bawa susu, sup, bawang putih, kunyit, dan dill hingga mendidih di atas api sederhana tinggi dalam periuk besar.

d) Tuangkan polenta perlahan-lahan ke dalam adunan susu mendidih, kacau sentiasa sehingga semua polenta sebati dan tiada ketulan. Kecilkan api kepada perlahan dan reneh, kacau selalu, sehingga polenta mula pekat, kira-kira 5 minit.

e) Polenta sepatutnya masih longgar sedikit. Tutup periuk dan masak selama 30 minit, pukul setiap 5 hingga 6 minit. Apabila polenta terlalu pekat untuk dipukul, kacau dengan sudu kayu. Polenta dibuat apabila teksturnya berkrim dan bijirin individu lembut.

f) Tutup api dan perlahan-lahan kacau mentega ke dalam polenta sehingga mentega cair separa.

g) Campurkan yis pemakanan dan jus lemon ke dalam polenta. Tutup periuk dan biarkan polenta berdiri 5 minit untuk pekat.

h) Ketepikan polenta panas supaya sejuk (anda boleh pindahkan polenta ke mangkuk sederhana dan sejukkan selama 15 minit untuk mempercepatkan proses).

UNTUK GIGITAN POLENTA:

i) Gulungkan 1/8 cawan sudu polenta menjadi bebola dan susunkannya di dalam penggoreng udara dalam satu lapisan. (Bergantung pada saiz penggoreng udara anda, anda mungkin perlu memasak secara berkelompok.)

j) Renjis mereka dengan minyak kanola. Masak pada 400°F selama 12 hingga 14 minit, goncang selama 6 minit.

37.Pucuk Brussels Panggang

BAHAN-BAHAN:
- 1 paun pucuk Brussels
- 2 sudu besar kicap
- 1 sudu besar cuka beras
- 1 sudu teh minyak canola
- 1 sudu besar bawang putih kisar
- 1/2 sudu kecil lada putih

ARAHAN:
a) Potong bahagian bawah pucuk Brussels, dan potong setiap pucuk separuh dari atas ke bawah (daun luar akan mudah gugur). Bilas dan toskan. Pindahkan pucuk Brussels ke mangkuk besar.
b) Pukul bersama kicap, cuka, minyak, bawang putih, dan lada putih dalam mangkuk kecil. Tuangkan ke atas pucuk Brussels. Tos perlahan-lahan dengan penyepit, salut dengan baik.
c) Panaskan penggoreng udara hingga 390°F selama 3 minit. Pindahkan pucuk Brussels ke bakul penggoreng udara. Masak selama 12 minit, goncang separuh masa memasak.

38.Skuasy Acorn Panggang

BAHAN-BAHAN:
- 1 (16-auns) labu acorn, dicuci
- 1/4 cawan sup sayur
- 2 sudu besar yis pemakanan
- 3 ulas bawang putih, dikisar

ARAHAN:

a) Belah labu menjadi dua dan cedok bijinya dengan sudu. (Ketepikan biji untuk membuat Biji Labu Tamari . Potong hujung setiap bahagian untuk membuat bahagian bawah rata.

b) Letakkan setiap skuasy separuh dalam penggoreng udara, daging menghadap ke atas. Masak pada 360°F selama 10 minit.

c) Dalam mangkuk kecil, pukul bersama sup, yis pemakanan, dan bawang putih.

d) Selepas 10 minit, buka bakul penggoreng udara dan tuangkan 1/8 cawan sos bawang putih ke atas separuh skuasy dan 1/8 cawan ke atas separuh skuasy yang lain. Sos akan meresap ke dalam "mangkuk" skuasy.

e) Gunakan berus untuk menyalut bahagian atas skuasy. Besarkan api kepada 390°F dan teruskan memasak selama 5 minit lebih lama, sehingga labu lembut.

f) Keluarkan bahagian skuasy dari penggoreng udara dan potong atau gunakannya sebagai mangkuk hidangan yang boleh dimakan.

39.Biji Labu Tamari

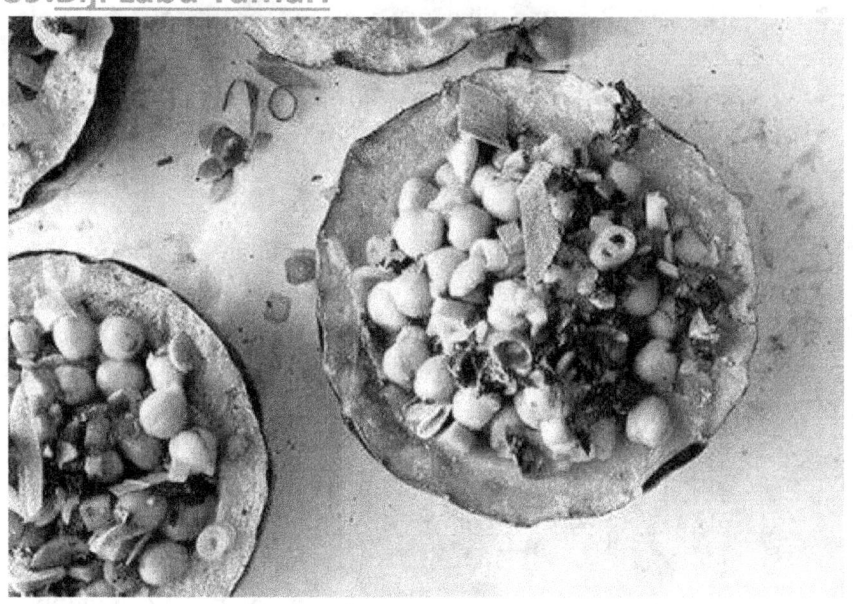

BAHAN-BAHAN:
- 1/4 hingga 1/2 cawan biji acorn atau butternut squash (jumlahnya berbeza mengikut saiz skuasy)
- 2 sudu besar tamari rendah natrium atau kicap rendah natrium
- 1/4 sudu teh lada putih atau lada hitam yang baru dikisar

ARAHAN:
a) Bilas biji skuasy dengan baik, tanggalkan sebarang tali atau serpihan skuasy. Pindahkan mereka ke dalam mangkuk kecil atau cawan penyukat. Tuangkan tamari ke atas biji dan biarkan ia perap selama 30 minit.
b) Toskan (tetapi jangan bilas) benih.
c) Panaskan penggoreng udara hingga 390°F selama 3 minit. Pindahkan biji ke dalam bakul air fryer dan taburkan lada putih. Masak pada 390°F selama 6 minit, goncang separuh masa memasak.
d) Makan biji dengan segera atau simpan dalam bekas kedap udara selama 3 hari.

40. Gegelung Bawang

BAHAN-BAHAN:
- 1 biji bawang besar, potong setebal 1/4 inci
- 1 cawan tepung serba guna yang tidak dilunturkan
- 1/4 cawan tepung kacang
- 1 sudu kecil serbuk penaik
- 1 sudu teh garam laut
- 1/2 cawan aquafaba atau pengganti telur vegan
- 1 cawan susu soya
- 3/4 cawan serbuk roti panko

ARAHAN:
a) Panaskan penggoreng udara hingga 360°F selama 5 minit. Pisahkan hirisan bawang ke dalam cincin.
b) Satukan tepung serba guna, tepung kacang ayam, serbuk penaik, dan garam dalam mangkuk kecil.
c) Korek hirisan bawang dalam adunan tepung sehingga bersalut. Mengetepikan.
d) Pukul aquafaba dan susu ke dalam adunan tepung yang tinggal. Celupkan cincin bawang yang telah ditabur tepung ke dalam adunan untuk disalut.
e) Sapukan serbuk roti panko di atas pinggan atau pinggan cetek dan korek cincin ke dalam serbuk, tutup dengan baik.
f) Letakkan cincin bawang ke dalam penggoreng udara dalam satu lapisan dan masak selama 7 minit pada 360°F, goncang separuh masa memasak. Jika anda mempunyai penggoreng udara yang lebih kecil, anda mungkin perlu memasak secara berkelompok.

41. Skuasy Butternut Maple

BAHAN-BAHAN:
- 1 labu butternut besar, dikupas, dibelah dua, dibiji, dan dipotong menjadi kepingan 1 inci
- 1 sudu teh minyak zaitun extra-virgin atau minyak kanola
- 2 sudu besar sirap maple
- 1 sudu teh kayu manis tanah
- 1/2 sudu teh buah pelaga kisar
- 1/2 sudu teh thyme kering
- 1/2 sudu teh garam laut

ARAHAN:

a) Panaskan penggoreng udara hingga 390°F. Letakkan skuasy ke dalam mangkuk adunan yang besar. Masukkan minyak, sirap maple, kayu manis, buah pelaga, thyme, dan garam dan toskan untuk melapisi labu.

b) Pindahkan labu ke bakul penggoreng udara. Masak selama 20 minit atau sehingga perang, goncang separuh masa memasak.

42.Kerepek Kale

BAHAN-BAHAN:
- 8 cawan kangkung bertangkai
- 1 sudu teh minyak kanola atau minyak zaitun extra-virgin
- 1 sudu kecil cuka beras
- 1 sudu teh kicap
- 2 sudu besar yis pemakanan

ARAHAN:

a) Basuh dan toskan kangkung. Pindahkan ke mangkuk besar. Koyakkan kangkung menjadi kepingan 2 inci. Elakkan mengoyak kepingan terlalu kecil, kerana sesetengah penggoreng udara, dengan udara paksa yang kuat, boleh menarik kangkung ke dalam elemen pemanas.

b) Masukkan minyak, cuka, kicap, dan yis pemakanan ke dalam mangkuk. Menggunakan tangan anda, urut semua bahan ke dalam kale selama kira-kira 2 minit.

c) Pindahkan kangkung ke dalam bakul air fryer. Masak pada 360°F selama 5 minit. Goncang bakul. Tingkatkan api hingga 390°F dan masak selama 5 hingga 7 minit lagi.

43. Tomato Hijau Goreng

BAHAN-BAHAN:
- 1/2 cawan kanji kentang
- 1 cawan tepung soya, dibahagikan
- 1/4 cawan susu soya
- 2 sudu besar yis pemakanan
- 1/2 hingga 1 sudu teh sos panas
- 1/4 cawan tepung badam
- 1/4 cawan serbuk roti panko
- 1 sudu teh paprika salai
- 1 sudu teh garam laut
- 1/4 sudu teh lada hitam
- 2 tomato hijau atau pusaka besar, dipotong menjadi kepingan tebal 1/2 inci
- 2 hingga 4 spritzes minyak kanola

ARAHAN:
a) Dalam hidangan cetek, satukan kanji kentang dan 1/2 cawan tepung soya.
b) Dalam hidangan cetek kedua, satukan susu, yis pemakanan, dan sos panas.
c) Dalam hidangan cetek ketiga, gabungkan baki 1/2 cawan tepung soya, tepung badam, serbuk roti panko, paprika salai, garam dan lada.
d) Salutkan tomato dalam bancuhan kanji kentang. Goncangkan sebarang kanji yang berlebihan dan kemudian celupkan tomato dalam campuran susu untuk disalut. Goncangkan lebihan susu dan kemudian korek tomato dalam adunan tepung soya berperisa.
e) Renjis bakul penggoreng udara dengan minyak. Letakkan seberapa banyak tomato pada bakul penggoreng udara yang anda boleh. Taburkan bahagian atas tomato dengan lebih banyak minyak.
f) Masak pada 320°F selama 3 minit. Goncang bakul penggoreng udara perlahan-lahan. Besarkan api hingga 400°F dan masak selama 2 minit lagi.

44.Parmesan terung

BAHAN-BAHAN:
- 1 biji terung sederhana
- 1/2 cawan tepung serba guna yang tidak diluntur
- 1 Telur Flax atau yang setara Ikut Hati Anda VeganEgg atau Pengganti Telur Ener-G
- 1 1/2 cawan serbuk roti panko
- 2 hingga 4 taburan minyak zaitun extra-virgin
- 1/2 cawan sos marinara
- 1/2 cawan keju Parmesan bukan tenusu yang dicincang

ARAHAN:
a) Basuh terung dan keringkan. Potong terung, buat 8 (tebal 1/2 inci) bulat.
b) Sediakan stesen pengorekan tiga bahagian menggunakan tiga mangkuk cetek, dengan tepung di mangkuk pertama, telur rami di mangkuk kedua dan serbuk roti panko di mangkuk ketiga. Renjis bakul penggoreng udara dengan minyak.
c) Korek bulatan terung ke dalam tepung, salut dengan baik. Celupkan bulatan terung ke dalam telur rami, dan kemudian korek dalam serbuk roti panko. Goncangkan sebarang serbuk roti yang berlebihan dan letakkan bulat terung ke dalam bakul penggoreng udara. Ulangi proses ini dengan lebih banyak pusingan terung. Jika anda mempunyai aksesori rak, letakkannya di dalam bakul penggoreng udara dan teruskan menyalut bulatan terung yang tinggal dan letakkannya di atas rak. Jika anda mempunyai penggoreng udara yang lebih kecil atau tiada rak untuk menambah tahap kedua masakan, goreng terung bulat-bulat dalam 2 atau 3 kelompok. Taburkan bahagian atas setiap bulatan terung dengan minyak zaitun. Masak pada 360°F selama 12 minit, sehingga perang keemasan.
d) Panaskan sos marinara dalam periuk kecil dengan api sederhana.
e) Selepas 12 minit, buka penggoreng udara dan tambahkan 1 sudu besar keju pada setiap bulatan terung dan masak selama 2 minit lebih lama. Untuk menghidang, pinggan 3 biji terung setiap orang di atas pinggan kecil. Sudukan 2 sudu besar sos marinara ke atas terung.

45. Goreng Sayur Campur

BAHAN-BAHAN:
- 3 sudu besar biji rami yang dikisar
- 1/2 cawan air
- 2 biji kentang russet sederhana
- 2 cawan sayur campuran beku (lobak merah, kacang polong dan jagung), dicairkan dan toskan
- 1 cawan kacang polong beku, dicairkan dan toskan
- 1/2 cawan bawang besar dicincang kasar
- 1/4 cawan ketumbar segar yang dicincang halus
- 1/2 cawan tepung serba guna yang tidak diluntur
- 1/2 sudu teh garam laut
- Minyak zaitun extra-virgin untuk merenjis

ARAHAN:

a) Dalam mangkuk kecil, buat telur rami dengan mencampurkan biji rami dan air dengan garpu atau pukul kecil.

b) Kupas kentang dan cincang ke dalam mangkuk. (Atau gunakan bilah parut dalam pemproses makanan; jika berbuat demikian, pindahkan kentang yang dicincang kembali ke dalam mangkuk.) Masukkan sayur campur dan bawang ke dalam kentang. Masukkan ketumbar dan telur rami dan kacau hingga sebati. Masukkan tepung dan garam dan gaul rata. Panaskan penggoreng udara hingga 360°F selama 3 minit.

c) Keluarkan 1/3 cawan adunan kentang untuk membentuk patty. Ulangi proses ini sehingga semua adunan digunakan untuk membuat patties goreng.

d) Renjiskan gorengan dengan minyak. Pindahkan goreng ke dalam bakul fryer (anda mungkin perlu melakukan beberapa kelompok, bergantung pada saiz fryer anda). Masak goreng selama 15 minit, terbalikkan separuh masa memasak.

46. Kentang Cheesy Wedges

BAHAN-BAHAN:
KENTANG
- 1 paun kentang fingerling
- 1 sudu teh minyak zaitun extra-virgin
- 1 sudu teh garam halal
- 1 sudu kecil lada hitam dikisar
- 1/2 sudu teh serbuk bawang putih

SOS KEJU
- 1/2 cawan gajus mentah
- 1/2 sudu teh kunyit kisar
- 1/2 sudu teh paprika
- 2 sudu besar yis pemakanan
- 1 sudu teh jus lemon segar
- 2 sudu besar hingga 1/4 cawan air

ARAHAN:

a) Kentang: Panaskan penggoreng udara hingga 400°F selama 3 minit. Basuh kentang. Potong kentang separuh memanjang dan pindahkan ke mangkuk besar. Masukkan minyak, garam, lada sulah, dan serbuk bawang putih ke dalam kentang. Tos sampai kot. Pindahkan kentang ke dalam air fryer. Masak selama 16 minit, goncang separuh masa memasak.

b) Sos Keju: Satukan gajus, kunyit, paprika, yis pemakanan, dan jus lemon dalam pengisar berkelajuan tinggi. Kisar pada perlahan, perlahan-lahan tingkatkan kelajuan dan tambah air mengikut keperluan. Berhati-hati untuk mengelakkan menggunakan terlalu banyak air, kerana anda mahukan konsistensi yang pekat dan kenyal.

c) Pindahkan kentang yang telah dimasak ke dalam kuali selamat penggoreng udara atau sekeping kertas minyak. Siramkan sos keju ke atas hirisan kentang. Letakkan kuali dalam penggoreng udara dan masak selama 2 minit lagi pada suhu 400°F.

47. Kentang Hasselback

BAHAN-BAHAN:
- 2 biji kentang russet sederhana
- 2 taburan minyak zaitun extra-virgin
- 1/4 sudu teh garam laut
- 2 secubit lada hitam
- 1 sudu kecil bawang putih dikisar

ARAHAN:

a) Basuh kentang dengan baik. Untuk memotong kentang, letakkan di bahagian paling rata dalam sudu besar (untuk mengelakkan anda daripada menghirisnya sepenuhnya). Dengan pisau tajam, potong ke bawah dari atas sehingga pisau Hidangkan: sentuh dengan sudu. Buat hirisan 1/8 inci di seluruh kentang.

b) Taburkan kentang dengan minyak (atau sapu dengan sup sayur-sayuran) dan taburkan separuh daripada garam dan secubit lada hitam pada setiap satu. Letakkan kentang dalam penggoreng udara dan masak selama 20 minit pada suhu 390°F.

c) Keluarkan bakul dari penggoreng udara dan tekan 1/2 sudu teh bawang putih di antara hirisan setiap kentang. Kembalikan kentang ke dalam air fryer dan masak selama 15 hingga 20 minit lagi. (Jumlah masa memasak hendaklah kira-kira 35 hingga 40 minit; lebih lama jika menggunakan kentang besar.)

48. Poutine

BAHAN-BAHAN:
- 3 biji kentang russet sederhana, dipotong menjadi kepingan 1/4 inci, dan potong lagi menjadi jalur 1/4 inci
- 1 sudu teh minyak kacang tanah atau minyak kanola
- 2 cawan Kuah Kacang Putih Cendawan atau kuah cendawan jenama Pacific atau Imagine
- 1/2 cawan keju Daiya Jalapeño Havarti Style Farmhouse Block yang dicincang kasar atau keju Parmesan yang dicincang Ikut Hati Anda

ARAHAN:
a) Bilas kentang goreng dalam air sejuk. Rendam selama 20 minit. Bilas, toskan, dan keringkan kentang dengan tuala kertas. Pindahkan kentang goreng ke dalam mangkuk besar dan toskan dengan minyak kacang tanah.
b) Letakkan kentang goreng di dalam bakul penggoreng udara dan masak selama 20 minit pada suhu 390°F, goncang separuh masa memasak.
c) Semasa kentang goreng masak, buat kuah.
d) Apabila kentang goreng telah masak sepenuhnya, letakkan di atas 4 hidangan hidangan. Taburkan 2 sudu besar keju dan kemudian sudukan 1/2 cawan kuah ke atas setiap hidangan.

49. Kentang Goreng Manis

BAHAN-BAHAN:
- 2 ubi keledek putih besar, potong 1/4 inci, dan potong lagi menjadi jalur 1/4 inci
- 1/4 cawan bir vegan gelap
- 1 sudu teh miso merah
- 1 sudu teh minyak canola
- 1 sudu besar gula perang ringan
- 1 sudu teh kayu manis tanah
- 1/2 sudu teh jintan halus
- 1/2 sudu teh garam laut

ARAHAN:
a) Bilas kentang goreng dalam air sejuk. Pindahkan kentang goreng ke dalam mangkuk besar. Dalam mangkuk kecil, pukul bersama bir, miso dan minyak. Tuangkan campuran bir ke atas kentang goreng, gaul rata, dan ketepikan selama 20 minit.
b) Toskan kentang goreng dan kembalikan ke dalam mangkuk. Taburkan gula perang, kayu manis, jintan manis, dan garam ke atas kentang goreng. Tos hingga bersalut.
c) Masak kentang goreng selama 15 hingga 20 minit pada 320°F, sehingga perang keemasan.

50. Kentang Goreng Umami

BAHAN-BAHAN:
- 2 biji kentang russet besar, digosok
- 1/4 cawan air panas
- 1 sudu besar Marmite atau Vegemite
- 1 sudu besar cuka epal
- Potong kentang menjadi kepingan 1/4 inci, kemudian potong kepingan menjadi jalur 1/4 inci.

ARAHAN:
a) Pindahkan kentang goreng ke dalam loyang cetek atau loyang berbingkai.
b) Tuangkan air ke dalam pengisar.
c) Hidupkan pengisar pada perlahan dan perlahan-lahan gerimis dalam Marmite.
d) Masukkan cuka, tingkatkan kelajuan pengisar kepada tinggi, dan kisar selama beberapa saat sahaja. Tuangkan campuran Marmite ke atas kentang goreng. Toskan kentang goreng dengan penyepit atau gunakan tangan anda untuk memastikan kentang goreng disalut dengan bahan perapan.
e) Tutup dan ketepikan lebih kurang 15 minit.
f) Panaskan penggoreng udara hingga 360°F selama 3 minit. Toskan kentang goreng dan pindahkan ke dalam air fryer.
g) Masak pada 360°F selama 16 hingga 20 minit, goncang separuh masa memasak.

HIDANGAN UTAMA

51.Bit dengan Gremolata Oren

BAHAN-BAHAN:
- 3 bit emas segar sederhana (kira-kira 1 paun)
- 3 bit segar sederhana (kira-kira 1 paun)
- 2 sudu besar jus limau nipis
- 2 sudu besar jus oren
- 1/2 sudu kecil garam laut halus
- 1 sudu besar pasli segar cincang
- 1 sudu besar sage segar cincang
- 1 ulas bawang putih, dikisar
- 1 sudu teh parutan kulit oren
- 2 sudu besar biji bunga matahari

ARAHAN:
a) Panaskan penggoreng udara hingga 400°.
b) Gosok bit dan potong bahagian atas sebanyak 1 inci. Letakkan bit pada ketebalan dua kali ganda kerajang tugas berat (kira-kira 24x12 inci). Lipat foil di sekeliling bit, tutup rapat.
c) Letakkan dalam satu lapisan di atas dulang dalam bakul penggoreng udara. Masak sehingga empuk, 4555 minit. Buka foil dengan berhati-hati untuk membolehkan wap keluar.
d) Apabila cukup sejuk untuk mengendalikan, kupas, belah dua dan potong bit; letak dalam mangkuk hidangan. Tambah jus limau, jus oren, dan garam; toskan hingga kot. Satukan pasli, sage, bawang putih, dan kulit oren; taburkan ke atas bit. Teratas dengan biji bunga matahari. Hidangkan suam atau sejuk.

52. Salmon dengan Balsamic Bayam

BAHAN-BAHAN:
- 3 sudu teh minyak zaitun, dibahagikan
- 4 fillet salmon (6 auns setiap satu)
- 11/2 sudu teh perasa makanan laut terkurang natrium
- 1/4 sudu teh lada
- 1 ulas bawang putih, dihiris
- Dash hancur serpihan lada merah
- 10 cawan bayi bayam segar (kira-kira 10 auns)
- 6 biji tomato kecil, buang biji dan potong 1/2 inci. kepingan
- 1/2 cawan cuka balsamic

ARAHAN:

a) Panaskan penggoreng udara hingga 450°. Gosok 1 sudu teh minyak ke atas kedua-dua belah salmon; taburkan perasa makanan laut dan lada sulah.

b) Dalam kelompok jika perlu, letakkan salmon di atas dulang yang telah digris dalam bakul penggoreng udara. Masak sehingga ikan mula mengelupas dengan mudah dengan garpu, 1012 minit.

c) Sementara itu, letakkan baki minyak, bawang putih, dan kepingan lada dalam 6qt. periuk stok; panaskan dengan api sederhana-perlahan sehingga bawang putih lembut selama 34 minit. Meningkatkan haba kepada sederhana-tinggi.

d) Tambah bayam; masak dan kacau sehingga layu, 34 minit. Kacau dalam tomato; panas melalui. Bahagikan kepada 4 hidangan hidangan.

e) Dalam periuk kecil, masak cuka sehingga mendidih. Masak sehingga cuka berkurangan separuh, 23 minit. Segera keluarkan dari haba.

f) Untuk menghidangkan, letakkan salmon di atas campuran bayam. Gerimis dengan sayu balsamic.

53. Skuasy Patty Goreng herba bawang putih

BAHAN-BAHAN:
- 5 cawan labu patty-pan kecil yang dibelah dua (kira-kira 11/4 paun)
- 1 sudu besar minyak zaitun
- 2 ulas bawang putih, dikisar
- 1/2 sudu teh garam
- 1/4 sudu teh oregano kering
- 1/4 sudu teh thyme kering
- 1/4 sudu teh lada
- 1 sudu besar pasli segar cincang

ARAHAN:
a) Panaskan penggoreng udara hingga 375°. Letakkan labu dalam mangkuk besar. Campurkan minyak, bawang putih, garam, oregano, thyme, dan lada; gerimis di atas labu.
b) Tos sampai kot. Letakkan labu di atas dulang yang telah digris dalam bakul penggoreng udara. Masak sehingga empuk, 1015 minit, kacau sekali-sekala.
c) Taburkan dengan pasli.

54.Steak Cendawan

BAHAN-BAHAN:
- 4 cendawan Portobello besar
- 23 sudu besar minyak zaitun
- 2 sudu kecil kicap tamari
- 1 sudu teh puri bawang putih
- garam secukup rasa

ARAHAN:
a) Panaskan Air Fryer ke 350F / 180C.
b) Bersihkan cendawan dengan kain lembap atau berus dan tanggalkan batangnya.
c) Campurkan minyak zaitun, kicap tamari, puri bawang putih, dan garam dalam mangkuk.
d) Masukkan cendawan dan gaul hingga bersalut. Anda juga boleh menggunakan berus untuk menyalut cendawan dengan campuran. Anda boleh memasak terus, atau biarkan cendawan berehat selama 10 minit sebelum memasak.
e) Masukkan cendawan ke dalam bakul air fryer dan masak selama 810 minit.
f) Hidangkan Cendawan Air Fryer bawang putih dengan sedikit sayur-sayuran salad.

55. Kuah Kacang Putih Cendawan

BAHAN-BAHAN:
- 1/4 cawan mentega bukan tenusu
- 3 ulas bawang putih, cincang kasar
- 1/2 cawan bawang kuning yang dicincang kasar
- 1 cawan cendawan shiitake yang dicincang kasar
- 1/8 sudu teh sage kering
- 1/8 sudu teh rosemary kering
- 1/8 sudu kecil lada hitam dikisar
- 1 1/4 cawan sup sayur
- 1/4 cawan kicap rendah natrium
- 1 (15 auns) kacang putih tin, toskan dan bilas
- 1/8 hingga 1/4 cawan serpihan yis pemakanan

ARAHAN:

a) Panaskan mentega dalam periuk kecil di atas api sederhana tinggi. Masukkan bawang putih dan bawang besar dan tumis sehingga bawang lut sinar. Masukkan cendawan, sage, rosemary, dan lada. Gaul sebati. Masukkan air rebusan dan kicap. Didihkan adunan.

b) Masukkan kacang. Gunakan pengisar rendaman dalam periuk untuk mengadun kuah selama 20 hingga 30 saat, atau sehingga licin. Sebagai alternatif, anda boleh memindahkan kuah ke dalam pengisar dan kisar sehingga halus, kemudian kembalikan kuah ke dalam periuk selepas dikisar.

c) Tutup periuk, kecilkan api kepada sederhana, dan masak selama 5 minit, kacau sekali-sekala. Masukkan yis pemakanan, kacau rata, kemudian tutup periuk dan reneh selama 5 minit lagi, kacau mengikut keperluan.

56. Kale dan Nugget Kentang

BAHAN-BAHAN:
- 2 cawan kentang cincang halus
- 1 sudu teh minyak zaitun extra-virgin atau minyak kanola
- 1 ulas bawang putih, dikisar
- 4 cawan kangkung dicincang kasar yang dibungkus longgar
- 1/8 cawan susu badam
- 1/4 sudu teh garam laut
- 1/8 sudu kecil lada hitam dikisar
- Semburan minyak sayuran, mengikut keperluan

ARAHAN:
a) Masukkan kentang ke dalam periuk besar air mendidih. Masak sehingga empuk, kira-kira 30 minit.
b) Dalam kuali besar, panaskan minyak di atas api sederhana tinggi. Masukkan bawang putih dan tumis hingga kekuningan. Masukkan kale dan tumis selama 2 hingga 3 minit. Pindahkan ke mangkuk besar.
c) Toskan kentang yang telah dimasak dan pindahkannya ke mangkuk sederhana. Masukkan susu, garam, dan lada sulah dan tumbuk dengan garpu atau penumbuk kentang. Pindahkan kentang ke dalam mangkuk besar dan gabungkan dengan kangkung yang dimasak.
d) Panaskan penggoreng udara hingga 390°F selama 5 minit.
e) Canai adunan kentang dan kangkung ke dalam nugget 1 inci. Renjis bakul penggoreng udara dengan minyak sayuran. Letakkan nugget dalam penggoreng udara dan masak selama 12 hingga 15 minit, sehingga perang keemasan, goncang selama 6 minit.

57.Tauhu Goreng Asas Udara

BAHAN-BAHAN:
- 1 (14-auns) pakej tauhu lebih pejal, dibekukan, dicairkan, dikeringkan dan ditekan
- 1 sudu teh minyak bijan
- 1/4 cawan kicap rendah natrium atau tamari
- 2 sudu besar cuka beras
- 2 sudu teh halia kisar, dibahagikan
- 2 sudu teh tepung jagung atau kanji kentang
- 1 sudu teh tepung kacang ayam atau tepung beras perang

ARAHAN:
a) Potong blok tauhu kepada 12 kiub dan pindahkan ke dalam bekas kedap udara.
b) Dalam mangkuk kecil, pukul bersama minyak, kicap, cuka, dan 1 sudu teh halia. Tuangkan adunan minyak ke atas tauhu kiub, tutup bekas, dan masukkan ke dalam peti sejuk untuk diperap sekurang-kurangnya 1 jam (sebaik-baiknya 8 jam).
c) Toskan tauhu yang telah diperap dan pindahkan ke dalam mangkuk sederhana. Dalam mangkuk kecil, satukan tepung jagung, tepung kacang ayam, dan baki 1 sudu teh halia. Taburkan bancuhan tepung jagung ke atas tauhu yang telah dikeringkan dan toskan perlahan-lahan dengan penyepit, salutkan semua kepingan tauhu.
d) Pindahkan tauhu ke dalam air fryer. Masak pada 350°F selama 20 minit. Goncang dalam 10 minit.

58. Tauhu Mongolia

BAHAN-BAHAN:
- Tauhu Goreng Asas Udara
- 1/4 cawan kicap rendah natrium
- 1/4 cawan air
- 1/8 cawan gula
- 3 ulas bawang putih, dikisar
- 1/4 sudu teh halia kisar

ARAHAN:
a) Semasa tauhu dimasak dalam penggoreng udara, satukan kicap, air, gula, bawang putih, dan halia dalam periuk di atas api yang sederhana tinggi. Bawa adunan hingga mendidih perlahan, kemudian segera kecilkan api dan reneh, kacau sekali-sekala.

b) Apabila tauhu siap, pindahkan ke dalam periuk, perlahan-lahan lipat tauhu ke dalam sos sehingga semua kiub bersalut. Tutup dan reneh dengan api kecil selama kira-kira 5 minit (atau sehingga tauhu telah menyerap sos).

59. Tauhu Berkulit Bijan

BAHAN-BAHAN:
- 1 (14-auns) pakej tauhu lebih pejal, dibekukan, dicairkan, dikeringkan dan ditekan
- 1/4 cawan tamari atau kicap
- 1/8 cawan cuka beras
- 1/8 cawan mirin (lihat nota)
- 2 sudu teh minyak bijan
- 2 sudu teh sirap agave cerah atau gelap atau madu vegan
- 2 sudu kecil bawang putih dikisar
- 1 sudu teh halia segar parut
- 1 hingga 2 spritzes minyak kanola
- 2 sudu besar bijan hitam
- 2 sudu besar bijan putih
- 1 sudu teh kanji kentang

ARAHAN:

a) Letakkan tauhu di dalam bekas kedap udara yang lebih kurang saiz bongkah tauhu supaya bahan perapan menutupinya sepenuhnya. Dalam mangkuk kecil, satukan tamari, cuka, mirin, minyak bijan, agave, bawang putih, dan halia. Tuangkan perapan ke atas tauhu, tutup bekas, dan sejukkan selama 1 hingga 8 jam (semakin lama lebih baik).

b) Keluarkan tauhu dari bekas dan potong separuh memanjang. Kemudian potong setiap separuh memanjang untuk membentuk 4 stik tauhu. Gosok kedua-dua belah setiap bahagian dalam perapan.

c) Renjis bakul penggoreng udara dengan minyak kanola. Panaskan penggoreng udara hingga 390°F selama 3 minit.

d) Taburkan bijan hitam, bijan putih, dan kanji kentang di atas pinggan besar. Gaul sebati. Tekan stik tauhu ke dalam biji, terbalikkan, dan tekan bahagian lain tauhu ke dalam biji. Letakkan tauhu di dalam bakul penggoreng udara dan tepuk perlahan-lahan biji di atas tauhu ke tempatnya. Tambah lebih banyak biji, jika perlu, tepuk perlahan-lahan ke dalam tauhu. Ketepikan hirisan tauhu di atas pinggan.

e) Taburkan bahagian atas tauhu dengan minyak kanola tambahan. Masak pada 390°F selama 15 minit. Selepas kira-kira 7 minit, gunakan penyepit perlahan-lahan untuk memastikan tauhu tidak melekat. (Jangan terbalikkan tauhu!)

60.Sambal Goreng Tempe

BAHAN-BAHAN:
- 8 auns tempe, dipotong menjadi 12 kiub yang sama
- 2 cawan air suam
- 2 sudu teh garam laut
- 1/2 sudu teh kunyit kisar
- 1 sudu teh minyak kanola atau minyak alpukat
- 2 sudu teh Tofuna Fysh Sos atau 1 sudu teh kicap rendah natrium dicampur dengan 1/4 sudu teh dulse flakes
- 4 ulas bawang putih
- 1/2 cawan bawang besar dicincang halus
- 1 sudu kecil pes cili bawang putih
- 1 sudu kecil pes asam jawa
- 2 sudu besar pes tomato
- 2 sudu besar air
- 2 sudu kecil sos ponzu

ARAHAN:

a) Letakkan tempe dalam mangkuk sederhana. Dalam cawan penyukat sederhana, campurkan air suam dan garam dan tuangkan ke atas tempe. Biarkan tempe meresap selama 5 hingga 10 minit.

b) Toskan tempe dan kembalikan ke dalam mangkuk. Masukkan kunyit, minyak, dan Sos Tofuna Fysh, toskan dengan penyepit untuk disalut dengan baik.

c) Pindahkan kiub tempe ke dalam bakul air fryer. Masak pada 320°F selama 10 minit. Goncang bakul penggoreng udara, besarkan api hingga 400°F, dan masak selama 5 minit lebih lama.

d) Semasa tempe di dalam penggoreng udara, satukan bawang putih, bawang besar, pes cili bawang putih, pes asam jawa, pes tomato, air, dan sos ponzu dalam pemproses makanan dan nadi selama 20 hingga 30 saat. Pindahkan campuran ini ke dalam periuk sederhana dan biarkan ia mendidih dengan cepat pada api sederhana tinggi. Tutup sos, kecilkan api dan reneh selama 10 minit.

e) Pindahkan tempe yang telah dimasak ke dalam periuk dan masukkan ke dalam sos dengan sudu atau penyepit untuk menyaluti setiap bahagian dengan baik. Tutup dan reneh dengan api rendah selama 5 minit.

61. Tempe Kab

BAHAN-BAHAN:
- 8 auns tempe
- 3/4 cawan sup sayuran rendah natrium
- Jus 2 biji limau
- 1/4 cawan tamari rendah natrium atau kicap
- 2 sudu teh minyak zaitun extra-virgin
- 1 sudu teh sirap maple atau sirap agave gelap
- 2 sudu teh jintan kisar
- 1 sudu teh kunyit kisar
- 1/2 sudu kecil lada hitam dikisar
- 3 ulas bawang putih, dikisar
- 1 bawang merah sederhana, dibelah empat
- 1 lada benggala hijau kecil, dihiris nipis
- 1 cawan cendawan butang dihiris berbatang
- 1 cawan tomato ceri separuh

ARAHAN:
a) Kukus tempe selama 10 minit dalam periuk di atas dapur. Sebagai alternatif, kukus tempe selama 1 minit pada tekanan rendah dalam Periuk Segera atau periuk tekanan; gunakan pelepasan cepat. Satukan sup, jus lemon, tamari, minyak, sirap maple, jintan, kunyit, lada, dan bawang putih dalam mangkuk sederhana. Mengetepikan.

b) Potong tempe kepada 12 kiub. Pindahkan mereka ke dalam bekas kedap udara. Letakkan sayur dalam bekas kedap udara kedua. Tuang separuh bahan perapan ke atas tempe dan separuh lagi ke atas sayur. Tutup kedua-duanya dan sejukkan selama 2 jam (atau sehingga semalaman). Toskan tempe dan sayur, simpan perapan.

c) Thread 4 kiub tempe, berselang seli dengan sayur-sayuran, pada lidi untuk membuat kabob. Ulangi proses ini untuk membuat 3 lagi kabob. Letakkan kabob di dalam bakul penggoreng udara atau pada aksesori rak. (Jika anda menggunakan penggoreng udara yang lebih kecil, anda mungkin perlu memasak dalam dua kelompok.) Masak pada 390°F selama 5 minit. Pusingkan kabob dan siram baki perapan ke atasnya. Masak selama 5 minit lagi.

62. Kacang Gigante Bakar

BAHAN-BAHAN:
- 1 1/2 cawan kacang mentega yang dimasak atau dalam tin atau kacang Utara yang enak, dibilas dan ditoskan
- 1 sudu teh minyak zaitun extra-virgin atau minyak kanola
- 1 bawang kecil, dipotong menjadi kepingan separuh bulan tebal 1/8 inci
- 1 ulas bawang putih, dikisar
- 1 (8-auns) tin sos tomato
- 1 sudu besar pasli segar yang dicincang kasar
- 1/2 sudu teh oregano kering
- 1/2 sudu teh butiran bouillon ayam vegan atau garam (pilihan)
- 1/4 sudu teh lada hitam yang baru dikisar

ARAHAN:
a) Letakkan kacang dalam pinggan mangkuk atau kuali yang selamat untuk penggoreng udara.
b) Panaskan minyak dalam periuk sederhana dengan api sederhana tinggi. Masukkan bawang besar dan bawang putih dan tumis selama 5 minit. Masukkan sos tomato, pasli, oregano, dan butiran bouillon. Didihkan adunan, tutup periuk, kecilkan api dan reneh selama 3 minit.
c) Panaskan penggoreng udara hingga 360°F selama 3 minit. Tuangkan adunan tomato ke atas kacang dan gaul rata. Taburkan lada ke atas kacang. Letakkan kacang dalam bakul penggoreng udara. Masak pada 360°F selama 8 minit.

63.Pizza Peribadi

BAHAN-BAHAN:
- 4 auns disediakan Pizza Dough atau doh pizza vegan yang dibeli di kedai
- 2 taburan minyak zaitun extra-virgin
- 1/3 cawan sos pizza
- 1/3 cawan keju mozzarella yang dicincang bukan tenusu, dibahagikan
- 1/2 biji bawang besar, potong 1/8 inci tebal separuh bulan
- 1/4 cawan cendawan dihiris
- 2 hingga 3 buah zaitun hitam atau hijau, diadu dan dihiris
- 4 helai daun selasih segar

ARAHAN:

a) Letakkan doh piza di atas permukaan kerja yang ditaburkan sedikit tepung dan gulungkannya atau gunakan tangan anda untuk menekannya (mengingat saiz bakul penggoreng udara anda, untuk memastikan ia sesuai). Taburkan doh dengan minyak dan letakkan doh, bahagian bawah minyak, ke dalam bakul penggoreng udara. Masak pada 390°F selama 4 hingga 5 minit.

b) Setelah doh sudah masak, buka penggoreng udara—berhati-hati, kerana bakul panas—dan sapukan sos ke atas doh. Taburkan separuh keju ke atas sos. Masukkan bawang, cendawan, zaitun, dan selasih. Taburkan baki keju di atas topping.

c) Masak pada 390°F selama 6 minit (atau 7 hingga 8 minit untuk kerak yang sangat segar).

d) Gunakan spatula untuk mengeluarkan pizza dari penggoreng udara.

64. Hot Dog Goreng

BAHAN-BAHAN:
- 4 ekor anjing panas vegan
- 2 sudu teh mentega bukan tenusu
- 4 Pretzel Hot Dog Buns atau roti hot dog vegan yang dibeli di kedai

ARAHAN:
a) Potong hot dog memanjang tanpa memotongnya sepenuhnya. Bentangkan hot dog dengan rata, belah ke atas. Sapukan 1/2 sudu teh mentega pada setiap hot dog.
b) Letakkan hot dog, bahagian bawah mentega, dalam penggoreng udara. Masak pada 390°F selama 3 minit. Angkat dan ketepikan.
c) Letakkan roti hot dog dalam penggoreng udara dan panaskan pada suhu 400°F selama 1 minit untuk membakarnya sedikit. Hidangkan hot dog dalam roti dengan perasa kegemaran anda.

65. Anjing Jagung

BAHAN-BAHAN:
- 1/2 cawan tepung jagung
- 1/2 cawan tepung serba guna yang tidak diluntur
- 2 sudu besar gula pasir
- 1 sudu kecil serbuk penaik
- 1/2 sudu teh paprika
- 1/2 sudu teh mustard kisar
- 1/4 sudu teh garam
- 1/8 sudu kecil lada hitam
- 1/2 cawan air sejuk ais
- 2 sudu besar Ikut Hati Anda VeganTelur
- 1/2 cawan susu soya
- 6 anjing panas vegan

ARAHAN:
a) Dalam mangkuk besar, satukan tepung jagung, tepung, gula, serbuk penaik, paprika, mustard, garam dan lada sulah.
b) Dalam mangkuk kecil, pukul bersama air dan VeganEgg. Masukkan susu dan gaul rata. Perlahan-lahan lipat adunan air ke dalam adunan tepung jagung, kacau untuk menghasilkan adunan yang licin. Tuangkan adunan ke dalam balang mason tinggi atau gelas minuman. Panaskan penggoreng udara hingga 390°F selama 5 minit.
c) Letakkan 6 (3 x 5 inci) keping kertas parchment (cukup besar untuk menggulung setiap anjing jagung yang dipukul).
d) Letakkan 1 hot dog pada batang kayu dan celupkan ke dalam adunan.
e) Letakkan anjing jagung di atas petak kertas parchment dan gulungkan hot dog yang telah dipukul. Ulangi proses ini dengan anjing panas yang tinggal. Yang terakhir mungkin menjadi kucar-kacir; jika perlu, letakkannya di atas pinggan, dan kikis adunan yang tinggal daripada balang mason, dan gosokkan adunan ke atas hot dog sebelum menggulungnya dalam kertas kulit.
f) Letakkan anjing jagung yang dibungkus dalam beg penyejuk beku yang besar, letakkannya rata di dalam peti sejuk. Sejukkan dalam peti ais sekurang-kurangnya 2 jam.
g) Keluarkan anjing jagung yang telah dipukul dari peti sejuk dan buka bungkusnya. Letakkan sekeping kertas kertas pada bakul penggoreng udara (cukup untuk menutup bahagian bawah tetapi tanpa kertas berlebihan di atas bahagian bawah bakul). Letakkan anjing jagung di atas kertas parchment.
h) Anda mungkin perlu melakukan ini secara berkelompok bergantung pada saiz penggoreng udara; jika ya, biarkan mana-mana anjing jagung yang tinggal di dalam peti sejuk sehingga anda bersedia untuk menggunakannya. Masak pada 390°F selama 12 minit.

66. Kentang Bakar Sumbat

BAHAN-BAHAN:
- 2 biji kentang russet sederhana, digosok
- 1 cawan sisa cili atau rebus buatan sendiri atau 1 (15 auns) boleh cili vegan atau rebus
- 1/2 cawan keju cheddar atau mozzarella yang dicincang bukan tenusu
- 1/4 cawan krim masam nondairy
- 2 sudu besar daun kucai dicincang halus

ARAHAN:
a) Tusuk kentang dengan garpu dan susun dalam bakul penggoreng udara. Masak pada 390°F selama 30 minit.
b) Panaskan cili di atas dapur atau dalam ketuhar gelombang mikro sehingga ia panas.
c) Keluarkan kentang dari bakul dengan berhati-hati dan potong memanjang tanpa memotongnya sepenuhnya. Sudukan 1/2 cawan cili api ke dalam setiap kentang. Tambah 1/4 cawan keju ke atas setiap kentang.
d) Kembalikan kentang ke dalam air fryer dan teruskan memasak pada suhu 390°F selama 5 hingga 10 minit lebih lama. Hidangkan kentang dengan sedikit krim masam dan daun kucai.

67. Kacang Hijau Goreng dan Bacon

BAHAN-BAHAN:
- 6 auns Tempeh Bacon atau daging vegan yang dibeli di kedai
- 1 sudu teh Vegan Magic atau DIY "Vegan Magic"
- 1 sudu teh gula pasir
- 12 auns haricots verts segar (kacang hijau Perancis)

ARAHAN:
a) Letakkan bacon dalam bakul penggoreng udara. Masak pada 390°F selama 5 minit.
b) Dalam kuali yang selamat untuk penggoreng udara, gabungkan Sihir Vegan dan gula. Masukkan haricots verts dan baling mereka dengan penyepit untuk menyaluti mereka dalam campuran Vegan Magic.
c) Keluarkan bacon dari bakul penggoreng udara. Hati-hati potong dadu daging. Masukkan bacon ke dalam kuali dan gaulkan dengan haricots verts.
d) Masak pada 390°F selama 4 minit.

68. Spaghetti Bakar

BAHAN-BAHAN:
- 4 auns spageti nipis
- 1 sudu teh minyak zaitun extra-virgin
- 8 auns daging lembu vegan hancur
- 1/4 cawan bawang besar dicincang halus
- 2 ulas bawang putih, dikisar
- 1 sudu teh oregano kering
- 1 sudu teh selasih kering
- 1 hingga 2 taburan minyak zaitun extra-virgin
- 1 (15 auns) balang sos marinara
- 1 cawan keju mozzarella yang dicincang bukan tenusu

ARAHAN:

a) Masak spageti dalam periuk besar air mendidih sehingga ia al dente, kira-kira 8 minit. Toskan dan ketepikan.

b) Panaskan minyak dalam kuali besar dengan api perlahan. Masukkan serbuk, bawang besar, bawang putih, oregano, dan selasih. Tumis sehingga hancur dipanaskan, 5 hingga 7 minit.

c) Semburkan hidangan selamat penggoreng udara yang sesuai dengan penggoreng udara dengan minyak. Pindahkan separuh daripada spageti ke dalam hidangan. Masukkan separuh daripada hancur, separuh daripada sos marinara, dan separuh daripada keju. Masukkan baki spageti, baki hancur, satu lagi lapisan sos marinara, dan baki keju. Masak pada 350°F selama 15 minit.

69. Bebola Daging

BAHAN-BAHAN:
- 1/2 cawan TVP kering
- 1/2 cawan sup sayur
- 1 1/2 cawan kacang cannellini yang dimasak (atau dalam tin), toskan dan bilas
- 1/4 cawan biji rami yang dikisar
- 2 sudu besar bijan
- 2 sudu besar tepung chickpea
- 1 sudu teh garam laut
- 2 sudu besar yis pemakanan
- 1 sudu teh selasih kering
- 1 sudu teh thyme kering
- 1 sudu teh sos panas
- 1 hingga 2 spritzes minyak kanola

ARAHAN:

a) Letakkan TVP dalam mangkuk sederhana dan tuangkan kuah di atasnya. Biarkan TVP terhidrat semula selama 10 minit. Pindahkan TVP ke pemproses makanan dan tambahkan kacang, biji rami, bijan, tepung, garam, yis pemakanan, selasih, thyme dan sos panas. Denyut sehingga bahan membentuk konsistensi seperti doh.

b) Bentuk bebola daging dengan mencedok kira-kira 2 sudu besar adunan TVP dan gulungkannya di tapak tangan anda.

c) Renjis bakul penggoreng udara dengan minyak. Letakkan bebola daging dalam bakul (anda mungkin perlu memasak lebih daripada satu kelompok, bergantung pada saiz penggoreng udara anda).

d) Masak pada 360°F selama 10 hingga 12 minit, goncang separuh masa memasak.

70.Seitan Chick'n-Style Bakar

BAHAN-BAHAN:
- 1 cawan Campuran Seitan Kering
- 3/4 cawan sup ayam vegan
- 1 sudu besar tamari rendah natrium
- 1/2 sudu teh minyak canola
- 1/2 sudu teh molase blackstrap
- 1 hingga 2 spritzes semburan minyak sayuran

ARAHAN:
a) Tuang adunan seitan kering ke dalam mangkuk pengadun berdiri.
b) Dalam mangkuk kecil, satukan sup, tamari, minyak kanola, dan molase.
c) Pasangkan pengadun berdiri dengan cangkuk doh dan hidupkan pengadun pada rendah. Perlahan-lahan masukkan adunan kuah ke dalam adunan seitan kering. Tingkatkan kelajuan pengadun pendirian kepada tinggi dan uli seitan selama 5 minit.
d) Griskan loyang 7 inci dengan 1 hingga 2 percikan minyak sayuran. Tekan seitan ke dalam kuali. (Jika ini terlalu besar untuk penggoreng udara anda, cari kuali yang bersaiz sesuai untuk ketuhar. Anda mungkin perlu memasak seitan dalam dua kelompok.) Tutup kuali dengan kerajang.
e) Letakkan kuali dalam penggoreng udara. Masak pada 350°F selama 10 minit. Keluarkan kuali dari penggoreng udara, buka tutup, balik seitan dengan spatula, dan tutup kuali semula. Masak 10 minit lebih lama.

71. Campuran Seitan Kering

BAHAN-BAHAN:
- 3 cawan gluten gandum penting
- 1/2 cawan tepung kacang
- 1/4 cawan yis pemakanan
- 4 sudu teh perasa ayam vegan
- 1 sudu kecil serbuk bawang putih
- 1 sudu teh lada hitam yang baru dikisar

ARAHAN:
a) Satukan gluten, tepung, yis pemakanan, perasa ayam, serbuk bawang putih, dan lada dalam mangkuk besar.
b) Pindahkan campuran ke dalam bekas kedap udara, seperti balang mason besar, dan simpan di dalam peti sejuk sehingga 3 bulan.

72. Steak Chick'n-Fried

BAHAN-BAHAN:
- 1 cawan Campuran Seitan Kering
- 3/4 cawan sup ayam vegan
- 1 sudu besar tamari rendah natrium
- 1/2 sudu teh minyak canola
- 1/2 sudu teh molase blackstrap
- 1 hingga 2 spritzes minyak sayuran
- 1/2 cawan susu soya atau susu bukan tenusu lain
- 3 sudu besar sos barbeku
- 3 sudu besar tepung chickpea
- 1 cawan tepung serba guna yang tidak dilunturkan
- 1/4 cawan yis pemakanan
- 2 sudu besar tepung jagung
- 1 sudu kecil serbuk bawang putih
- 1/2 sudu teh garam laut
- 1/4 sudu teh lada hitam

ARAHAN:
a) Tuang adunan seitan kering ke dalam mangkuk pengadun berdiri.
b) Dalam mangkuk kecil, satukan sup, tamari, minyak kanola, dan molase.
c) Pasangkan pengadun berdiri dengan cangkuk doh dan hidupkan pengadun pada rendah. Perlahan-lahan masukkan adunan kuah ke dalam adunan seitan kering. Tingkatkan kelajuan pengadun kepada tinggi dan uli seitan selama 5 minit.
d) Semburkan loyang 7 x 7 x 3 inci dengan 1 hingga 2 semburan semburan minyak sayuran. Tekan seitan ke dalam kuali yang disediakan. (Jika kuali saiz ini terlalu besar untuk penggoreng udara anda, cari kuali yang selamat untuk ketuhar bersaiz sesuai. Anda mungkin perlu memasak seitan dalam dua kelompok.) Tutup kuali dengan kerajang.
e) Letakkan kuali dalam penggoreng udara. Masak pada 350°F selama 10 minit. Keluarkan kuali dari penggoreng udara, buka tutup, balik seitan dengan spatula, dan tutup kuali semula. Masak selama 10 minit lebih lama. Keluarkan seitan dari penggoreng udara dan ketepikan.

f) Dalam mangkuk sederhana, satukan susu, sos barbeku, dan tepung kacang ayam dalam mangkuk sederhana.

g) Dalam mangkuk kecil, satukan tepung serba guna, yis pemakanan, tepung jagung, serbuk bawang putih, garam dan lada sulah. Pindahkan separuh adunan tepung serba guna ke dalam bekas kedap udara dan separuh lagi ke dalam pinggan cetek untuk mengorek.

h) Panaskan penggoreng udara hingga 370°F selama 3 minit. Setelah seitan cukup sejuk untuk disentuh, potong kepada 4 bahagian.

i) Celupkan setiap keping seitan ke dalam adunan susu. Kemudian korek seitan melalui adunan tepung serba guna. Jika perlu, tambah lagi campuran tepung serba guna daripada bekas kedap udara (jika tidak, simpan sebarang baki adunan tepung serba guna di dalam peti sejuk untuk kegunaan masa hadapan). Jangan buang campuran susu selepas semua kepingan seitan dipukul.

j) Masak seitan yang telah dipukul pada suhu 370°F selama 2 minit. Balikkan seitan dengan penyepit dan masak selama 2 minit lagi. Keluarkan stik goreng chik'n dari penggoreng udara dan celupkannya semula ke dalam baki campuran susu, terbalikkan untuk menyalut kedua-dua belah.

k) Kembalikan stik goreng chik'n ke dalam air fryer dan masak selama 3 minit lagi.

73.Pai Chick'n Pot

BAHAN-BAHAN:
- Doh Biskut Goreng atau satu tiub (16 auns) biskut vegan yang disediakan
- 1 sudu teh minyak zaitun extra-virgin (pilihan)
- 2 ulas bawang putih, dikisar
- 1 cawan bawang besar dicincang halus
- 1/2 cawan lobak merah yang dicincang halus
- 1/2 cawan saderi yang dicincang kasar
- 1 sudu teh thyme kering
- 1/2 sudu teh garam laut
- 1/4 sudu teh lada hitam
- 4 auns jalur ayam vegan, dicairkan jika dibekukan
- 1 cawan Kuah Kacang Putih Cendawan atau jenama Pacific atau kuah cendawan vegan jenama Imagine

ARAHAN:

a) Sediakan separuh daripada adunan biskut dan ketepikan (jangan bakar).

b) Panaskan minyak dalam kuali besar dengan api sederhana. Masukkan bawang putih, bawang merah, lobak merah, saderi, thyme, garam, dan lada dan masak selama 5 hingga 8 minit, sehingga lobak merah lembut dengan sedikit rangup.

c) Potong kasar jalur ayam dan masukkan ke dalam kuali. Tuangkan kuah ke dalam kuali, kacau, dan biarkan adunan mendidih. Tutup, kecilkan api ke rendah, dan reneh selama 10 minit.

d) Bahagikan campuran pai periuk antara 2 (diameter 5 inci) ramekin atau kuali pembakar.

e) Panaskan penggoreng udara hingga 360° selama 5 minit. Jika anda menggunakan doh biskut goreng, bahagikan doh kepada dua. Menggunakan tangan anda, ratakan 2 keping doh untuk melepasi setiap ramekin. Jika menggunakan biskut yang dibeli di kedai, Bahan-bahannya adalah sebanyak 4 biji biskut. Dengan menggunakan tangan, satukan 2 keping biskut dan ratakan menjadi doh hingga menutupi ramekin. Ulangi proses ini untuk membuat sekeping doh kedua untuk ramekin yang lain.

f) Ambil 1 doh biskut separuh dan tutup ramekin. Kelimkan doh di sekeliling tepi ramekin untuk menutupi bancuhan pai periuk sepenuhnya. Ulangi proses ini dengan separuh lagi adunan biskut dan ramekin yang lain.

g) Letakkan ramekin dalam penggoreng udara. (Anda mungkin perlu menyediakan satu pai periuk pada satu masa, bergantung pada saiz penggoreng udara anda; jika ya, letakkan pai periuk pertama yang dimasak dalam ketuhar yang hangat semasa memasak yang kedua.)

h) Masak pai periuk pada 360°F selama 8 minit, sehingga perang keemasan. Gunakan sarung tangan silkon atau pad panas dengan spatula untuk mengeluarkan pai periuk dengan berhati-hati dari penggoreng udara.

74. Taco goreng

BAHAN-BAHAN:
- 4 (6 inci) tepung tortilla
- 4 spritzes semburan minyak kanola
- 2 cawan daging lembu berperasa vegan beku (seperti Beyond Meat Feisty Crumble)
- 1 cawan cheddar bukan tenusu yang dicincang atau keju Jack lada
- 2 cawan daun salad yang dicincang
- 1 cawan tomato cincang halus
- 1/2 cawan bawang besar dicincang halus

ARAHAN:
a) Panaskan penggoreng udara hingga 360°F selama 3 minit. Letakkan pemegang taco keluli tahan karat di dalam penggoreng udara.
b) Renjis satu sisi tortilla dengan minyak kanola. Masukkan tortilla ke dalam bekas taco, bahagian luar yang disapu minyak. Senduk 1/2 cawan daging lembu hancur ke dalam setiap tortilla. Tambah 1/4 cawan keju kepada setiap tortilla.
c) Masak pada 360°F selama 8 minit.
d) Tanggalkan bekas taco dari penggoreng udara dengan penyepit. Hiaskan setiap taco dengan 1/2 cawan salad, 1/4 cawan tomato, dan 2 sudu besar bawang.

75. Keju Bakar Gourmet

BAHAN-BAHAN:
- 1 Anjou kecil atau pir Asia (atau mana-mana pir lembut yang berair)
- 1 Vidalia kecil atau bawang manis
- 1/4 sudu teh gula
- 1/2 hingga 1 sudu teh minyak zaitun extra-virgin atau mentega bukan tenusu
- 1/2 cawan keju krim bukan tenusu
- 4 keping roti asam atau roti berkerak lain
- 2 hingga 4 taburan minyak zaitun extra-virgin

ARAHAN:
a) Potong pir memanjang menjadi kepingan nipis. Potong bawang menjadi kepingan nipis separuh bulan. Letakkan pir, bawang, dan gula pada sekeping foil.
b) Tuangkan minyak ke atas (atau letakkan mentega pada) pir dan bawang. Balut longgar kerajang di sekeliling pir dan bawang. Letakkan kantung foil dalam penggoreng bakul udara. Masak pada 390°F selama 15 minit.
c) Keluarkan kantung foil dari penggoreng udara dengan penyepit atau spatula, buka foil untuk mengeluarkan wap, dan ketepikan.
d) Sapukan 2 sudu besar krim keju pada 1 keping roti. Menggunakan penyepit, letakkan separuh daripada pir karamel dan bawang di atas keju krim. Sapukan lagi 2 sudu besar krim keju pada kepingan roti yang lain. Letakkan kepingan roti ini di atas pear dan bawang.
e) Ulangi proses ini untuk membuat sandwic kedua. Sembur bakul air fryer dengan minyak. Letakkan sandwic dalam penggoreng udara.
f) Taburkan bahagian atas roti dengan lebih banyak minyak. Masak pada 390°F selama 5 hingga 7 minit, sehingga roti berwarna perang keemasan.

76. Chickpea dan Brokoli Panggang

BAHAN-BAHAN:
- 1 tin (15 auns) kacang ayam, ditoskan, dibilas dan ditepuk kering
- 1/2 cawan hirisan bawang separuh bulan nipis
- 1 sudu teh minyak canola
- 1 sudu teh kicap rendah natrium
- 1 sudu teh halia kisar
- 1/2 sudu teh bawang putih yang ditumbuk
- 1/2 sudu kecil lada hitam
- 1/2 sudu kecil serbuk kari
- 2 cawan kuntum brokoli
- 1 sudu besar bijan, untuk hidangan

ARAHAN:
a) Satukan kacang ayam, bawang, minyak, dan kicap dalam mangkuk besar. Masukkan halia, bawang putih halus, lada sulah, dan serbuk kari dan gaul sehingga semua kacang ayam bersalut.
b) Pindahkan kacang ayam ke dalam bakul air fryer menggunakan sudu berlubang (untuk menyimpan perapan minyak dan kicap). Masak pada 390°F selama 7 minit, goncang selama 5 minit.
c) Dalam mangkuk besar, satukan brokoli dengan sisa perapan.
d) Pindahkan ke dalam air fryer selepas kacang ayam dan bawang masak selama 7 minit. Perlahan-lahan toskan brokoli dengan kacang ayam dan bawang.
e) Teruskan memasak pada 390°F selama 5 minit lagi, goncang separuh masa memasak, sehingga brokoli empuk tetapi mengekalkan sedikit kekeringan.
f) Taburkan 1/2 sudu besar bijan pada setiap hidangan.

77.Seitan Fajitas

BAHAN-BAHAN:
- 8 auns Seitan Gaya Chick'n-Style, dipotong menjadi jalur tebal 1/2 inci atau jalur seitan yang dibeli di kedai
- 1 lada benggala merah besar, dipotong menjadi jalur tebal 1/4 inci
- 1 lada benggala hijau besar, dipotong menjadi jalur tebal 1/4 inci
- 1 bawang sederhana, dipotong menjadi kepingan separuh bulan setebal 1/4 inci
- 3 ulas bawang putih, cincang kasar
- 1 sudu teh minyak canola
- 1/2 sudu kecil serbuk cili
- 1/2 sudu teh jintan halus
- 1/2 sudu teh paprika
- 1/4 sudu teh garam laut
- 1/4 sudu teh lada hitam
- 4 (12 inci) tepung tortilla

ARAHAN:
a) Letakkan kepingan seitan dalam mangkuk besar (jika menggunakan seitan yang dibungkus, toskan sebelum dimasukkan ke dalam mangkuk).
b) Masukkan lada benggala merah, lada benggala hijau, bawang merah dan bawang putih ke dalam mangkuk dengan seitan.
c) Siramkan minyak ke atas seitan dan sayur-sayuran dan toskan dengan penyepit untuk disalut. Masukkan serbuk cili, jintan manis, paprika, garam, dan lada sulah, kacau hingga sebati.
d) Pindahkan adunan ke dalam bakul air fryer. Masak pada 370°F selama 10 hingga 12 minit, goncang separuh masa memasak.
e) Panaskan tortilla di dalam ketuhar atau ketuhar gelombang mikro.
f) Pasang fajitas dengan meletakkan satu perempat daripada seitan dan sayur-sayuran dalam setiap tortilla.

78. Salad Taco

BAHAN-BAHAN:
- 4 (8 inci) tepung tortilla
- 8 auns Baked Chick'n-Style Seitan atau seitan yang dibeli di kedai, dicincang kasar
- 1 (15-auns) kacang pinto tin, toskan dan bilas
- 3/4 cawan salsa
- 1/2 cawan bawang besar dicincang halus
- 1 cawan keju cheddar bukan tenusu yang dicincang
- 2 cawan daun salad yang dicincang halus
- 1 cawan tomato cincang halus

ARAHAN:

a) Tekan tortilla ke dalam acuan kulit. Mengetepikan.

b) Letakkan seitan dalam mangkuk sederhana. Masukkan kacang, salsa, dan bawang. Gaul sebati.

c) Bahagikan campuran seitan antara tortilla. Kemungkinan besar anda hanya boleh membuat 2 salad taco pada satu masa dalam penggoreng udara besar dan 1 dalam penggoreng udara kecil. Hidupkan ketuhar supaya hangat untuk memanaskan setiap salad taco apabila ia keluar dari penggoreng udara.

d) Letakkan seberapa banyak kerang tortilla ke dalam penggoreng udara yang sesuai. Masak pada 360°F selama 5 minit.

e) Tambah 1/2 cawan keju ke setiap tortilla. Masak pada 360°F selama 2 minit lebih lama. Pindahkan mangkuk tortilla yang telah dimasak ke dalam ketuhar untuk menghangatkan semasa memasak set seterusnya.

f) Apabila semua mangkuk tortilla telah masak, perlahan-lahan gunakan penyepit untuk meluncurkannya dari acuan kulit tortilla ke pinggan hidangan. Tambah 1 cawan daun salad yang dicincang dan 1/2 cawan tomato pada setiap salad taco.

79.Nasi Goreng Tempe

BAHAN-BAHAN:
- 8 auns tempe
- 1/2 cawan cendawan shiitake yang dicincang kasar
- 1/2 cawan ditambah 1 sudu besar kicap rendah natrium, dibahagikan
- 2 sudu besar sirap maple
- 1 sudu teh minyak zaitun extra-virgin
- 2 ulas bawang putih, dikisar
- 1/2 cawan air sejuk ais
- 2 sudu besar Ikut Hati Anda VeganTelur
- 1/4 sudu teh garam hitam
- 1 1/2 cawan beras perang masak
- 2 sudu besar yis pemakanan
- 1 cawan taugeh
- 1 cawan kobis yang dicincang
- 1 sudu kecil pes cili

ARAHAN:

a) Kukus tempe selama 10 minit dalam periuk sederhana di atas dapur (atau selama 1 minit pada tekanan rendah dalam Periuk Segera atau periuk tekanan; gunakan pelepasan cepat). Potong tempe kepada 12 bahagian dan pindahkan ke dalam hidangan cetek. Masukkan cendawan.

b) Dalam mangkuk kecil, pukul bersama 1/2 cawan kicap, sirap maple, minyak, dan bawang putih. Tuangkan bahan perapan ke atas tempe dan cendawan. Tutup hidangan dengan foil dan ketepikan untuk diperap sekurang-kurangnya 30 minit (atau sehingga semalaman).

c) Panaskan penggoreng udara hingga 390°F selama 5 minit. Kisar air, VeganEgg, dan garam hitam bersama-sama dalam pengisar. Pindahkan tempe dan cendawan yang telah diperap ke kuali penggoreng udara nonstick atau kuali pembakar yang sesuai dengan penggoreng udara anda. Masukkan nasi yang telah dimasak ke dalam kuali.

d) Tuangkan adunan VeganEgg ke atas nasi. Masukkan yis pemakanan, taugeh, kubis, baki 1 sudu besar kicap, dan pes cili.

e) Gaul rata dan tepuk nasi. Masak pada 390°F selama 10 minit, toskan adunan nasi dengan penyepit separuh masa memasak.

80. Gulung Bunga Kimchee Curl Soya

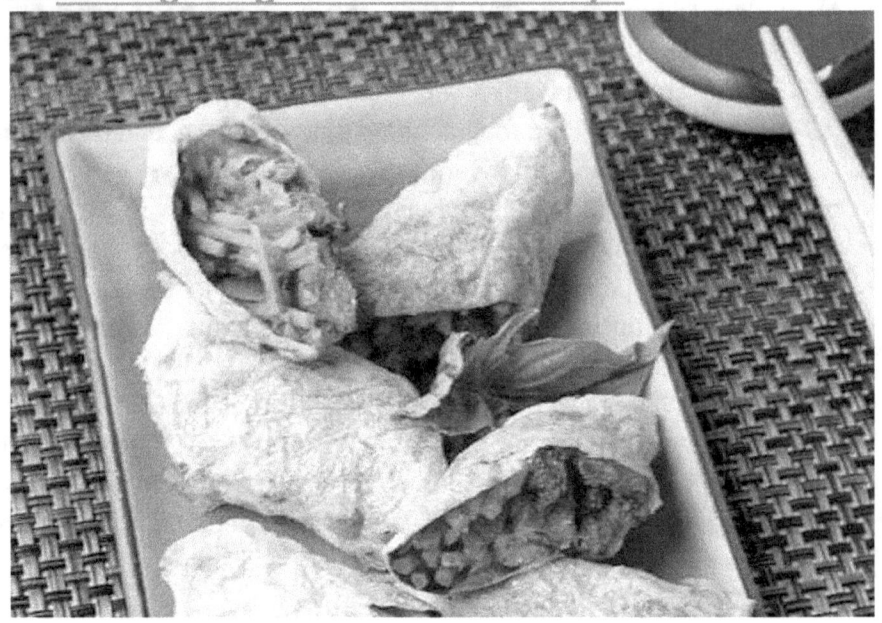

BAHAN-BAHAN:
- 1 cawan Soy Curl Fries atau jalur ayam beku vegan
- 1 lobak merah kecil
- 4 helai daun selasih segar
- 1/2 cawan kimchee vegan buatan sendiri atau dibeli di kedai
- 4 (6 hingga 8 1/2 inci) helaian kertas beras
- 2 hingga 3 spritzes minyak kanola

ARAHAN:

a) Sediakan Kentang Keriting Soya. Jika anda menggunakan jalur ayam vegan, cairkannya dan potong separuh memanjang.

b) Potong lobak merah menjadi batang mancis dan bahagikan batang mancis kepada empat bahagian.

c) Celupkan 1 helai kertas beras dalam air suam selama 5 saat atau sehingga basah. Letakkan kertas beras lembap di atas permukaan kerja dan biarkan selama 30 saat atau sehingga lentur. Letakkan 1 helai daun selasih di atas kertas nasi. Tambah satu perempat daripada batang mancis lobak merah, 2 sudu besar kimchee, dan 1/4 cawan Kentang Keriting Soya.

d) Gulungkan kertas beras dengan menarik tepi dari papan pemotong. Gulungkan inti sambil kumpul dan selitkan inti di bawah pembalut, gulung sehingga anda sampai ke penghujung kertas. Ulangi proses ini sehingga anda telah mencipta 4 lumpia.

e) Sembur 1 hingga 2 spritzes minyak kanola pada bakul penggoreng udara. Letakkan lumpia dalam bakul fryer dan siram bahagian atas gulung dengan baki 1 hingga 2 minyak spritzes. Masak pada 400°F selama 6 minit, goncang separuh masa memasak.

81. Lasagna Casserole

BAHAN-BAHAN:
- 1 zucchini kecil
- 1 labu kuning kecil
- 1 bawang sederhana
- 1 lada benggala merah besar
- 5 auns keju mozzarella ala kerbau bukan tenusu
- 1/4 cawan hirisan buah zaitun hitam yang diawetkan dengan minyak
- 1 sudu teh selasih kering
- 1 sudu teh garam laut
- 1/2 sudu teh oregano kering
- 1/4 sudu teh serpihan lada merah
- 1/4 sudu teh lada hitam dikisar
- 1 (15-auns) tin sos tomato
- 1/4 cawan keju Parmesan bukan tenusu yang dicincang

ARAHAN:

a) Potong zucchini dan labu kuning memanjang ke dalam jalur tebal 1/8 hingga 1/4 inci. Bahagikan kedua-duanya kepada dua bahagian.

b) Potong bawang menjadi kepingan separuh bulan. Bahagikan kepingan kepada tiga bahagian. Potong lada benggala memanjang ke dalam jalur 1 1/2 inci. Bahagikan jalur kepada tiga bahagian.

c) Potong mozzarella menjadi kiub 1/4 inci. Pindahkan kiub ke dalam mangkuk kecil dan tambah buah zaitun, selasih, garam, oregano, kepingan lada merah, dan lada. Gaul rata dan bahagikan adunan kepada tiga bahagian.

d) Panaskan penggoreng udara hingga 360°F selama 5 minit. Sapukan 1/2 cawan sos tomato ke bahagian bawah loyang 6 hingga 7 inci. Lapiskan satu bahagian setiap zuchinni, labu, bawang, dan lada di atas sos tomato. Masukkan satu pertiga pertama bancuhan mozzarella. Ulangi proses ini untuk 2 lapisan lagi. Taburkan lapisan atas dengan Parmesan.

e) Tutup loyang dengan kerajang, pindahkan ke penggoreng udara, dan masak pada 360°F selama 15 minit. Buka tutup dan masak selama 10 minit lagi.

82. Kentang, Taugeh dan Keriting Soya

BAHAN-BAHAN:
- 1 kentang russet besar, potong kiub 1/2 inci
- 1 1/2 sudu teh minyak kanola, dibahagikan
- 1/2 sudu teh garam laut
- 1/4 sudu teh lada hitam
- 2 cawan Keriting Soya kering
- 2 cawan air suam
- 16 auns pucuk Brussels, dipotong dan dibelah dua memanjang
- 1 sudu teh cuka balsamic
- 1 1/2 sudu teh butiran bouillon daging lembu vegan
- 1 sudu teh jintan kisar
- 1 sudu kecil serbuk cili
- 1 sudu teh dill kering
- 1 sudu besar tepung chickpea
- 1 sudu besar tepung jagung

ARAHAN:

a) Masukkan kentang dalam 1/2 sudu teh minyak, garam, dan lada sulah dan pindahkan ke penggorengan udara. Masak pada 400°F selama 10 minit. Dalam mangkuk sederhana, hidrat semula Keriting Soya dalam air suam selama 10 minit. Dalam mangkuk sederhana, toskan pucuk Brussels dengan 1/2 sudu teh minyak kanola dan cuka.

b) Apabila penggoreng udara berbunyi bip pada 10 minit, pindahkan pucuk Brussels ke penggoreng udara dengan kentang. Goncang dan masak pada 400°F selama 3 minit.

c) Toskan Keriting Soya, pindahkannya kembali ke dalam mangkuk dan toskan dengan butiran bouillon, jintan manis, serbuk cili, dill, tepung kacang ayam, tepung jagung, dan baki 1/2 sudu teh minyak kanola.

d) Apabila penggoreng udara berbunyi bip selepas 3 minit, pindahkan Keriting Soya bersalut ke dalam bakul dengan kentang dan pucuk Brussels.

e) Goncang dan tetapkan pemasa selama 15 minit. Goncang setiap 5 minit.

83.Calzone

BAHAN-BAHAN:
- 4 auns disediakan Pizza Dough atau doh pizza vegan yang dibeli di kedai
- 1/4 cawan keju mozzarella bukan tenusu yang dicincang
- 1/4 cawan cendawan dihiris
- 1/4 cawan hirisan bawang besar
- 2 auns vegan seitan gaya Itali hancur atau vegan pepperoni
- 1/4 cawan sos pizza
- 1/2 sudu teh oregano kering
- 1/2 sudu teh selasih kering
- 1/2 cawan daun bayam bayi yang dibungkus longgar
- 2 hingga 3 spritzes minyak zaitun extra-virgin atau minyak kanola

ARAHAN:

a) Biarkan doh pizza mencapai suhu bilik. Tekan tangan atau canai doh hingga kira-kira 10 inci.

b) Jika menggunakan sisipan gril, letakkan di dalam penggoreng udara. Panaskan penggoreng udara hingga 390°F.

c) Pasang lapisan pada separuh doh yang digulung. Mulakan dengan keju, kemudian masukkan cendawan, bawang, seitan crumble, sos pizza, oregano, basil dan bayam. Balikkan separuh lagi doh ke atas inti. Kelim tepi dengan menarik lapisan bawah doh ke atas lapisan atas.

d) Potong tiga kepingan kecil pada bahagian atas doh untuk melepaskan. Taburkan sisipan gril atau bakul penggoreng udara dengan minyak. Gunakan spatula besar untuk memindahkan calzone ke bakul penggoreng udara. Taburkan bahagian atas calzone dengan minyak tambahan.

e) Masak pada 390°F selama 7 hingga 8 minit, sehingga kerak berwarna perang keemasan. Luncurkan calzone ke atas papan pemotong atau pinggan hidangan. Potong kepada 2 bahagian dan hidangkan.

84. Sushi Gulung Goreng

BAHAN-BAHAN:
- 4 (6 hingga 8 1/2 inci) helai kertas nasi
- 4 (8 x 7 inci) helaian nori
- 1/4 cawan nasi sushi masak suhu bilik
- 1/4 cawan edamame yang dicairkan
- 1 cawan lada benggala merah, lobak merah dan jicama yang dihiris nipis
- 1 hingga 2 spritzes minyak alpukat atau minyak zaitun extra-virgin

ARAHAN:

a) Celupkan 1 helai kertas beras dalam air suam selama kira-kira 5 saat atau sehingga basah. Letakkan kertas beras lembap di atas permukaan kerja dan biarkan selama 30 saat atau sehingga lentur.

b) Letakkan 1 helai nori di atas kertas beras basah. Sudukan 1 sudu besar nasi sushi pada helaian nori, buat garisan dengan nasi. Sudukan 1 sudu besar edamame pada helaian nori di sebelah nasi, membentuk garisan lain. Pasang 1/4 cawan campuran sayur-sayuran yang dihiris bersama nasi dan edamame.

c) Gulungkan kertas beras dengan menarik tepi dari papan pemotong. Canai atas inti sambil kumpul dan selitkan helaian nori dan isi di bawah kertas nasi, gulung sehingga sampai ke hujung kertas. Ulangi proses ini sehingga anda telah mencipta 4 gulung.

d) Letakkan gulungan di dalam bakul penggoreng udara. Renjiskan gulung dengan minyak. Masak pada 390°F selama 5 minit, goncang separuh masa memasak.

HIDANGAN SAMPINGAN

85.Kembang kol Air Fryer

BAHAN-BAHAN:
- 3/4 Sudu besar sos panas
- 1 Sudu besar minyak alpukat
- Garam secukup rasa
- 1 kepala sederhana bunga kobis dipotong kecil-kecil dicuci dan ditepuk sepenuhnya hingga kering

ARAHAN:
a) Panaskan penggoreng udara ke 400F / 200C
b) Campurkan sos panas, tepung badam, minyak alpukat, dan garam dalam mangkuk besar.
c) Masukkan bunga kobis dan gaul sehingga bersalut.
d) Masukkan separuh bunga kobis ke dalam penggoreng udara dan goreng selama 1215 min (atau sehingga garing di tepi dengan sedikit gigitan, atau ia mencapai kematangan yang anda inginkan).
e) Pastikan anda membuka penggoreng udara dan goncang bakul menggoreng sebanyak 23 kali untuk memusingkan bunga kobis. Angkat dan ketepikan.
f) Masukkan dalam kumpulan kedua, tetapi masak selama 23 minit kurang .
g) Hidangkan hangat (walaupun ia juga boleh dihidangkan sejuk) dengan sedikit sos pedas tambahan untuk dicelup.

86.Kentang goreng Jicama

BAHAN-BAHAN:
- 8 cawan Jicama, dikupas, dicincang menjadi batang mancis nipis
- 2 Sudu Besar Minyak Zaitun
- 1/2 sudu kecil serbuk bawang putih
- 1 sudu teh Jintan manis
- 1 sudu teh garam laut
- 1/4 sudu teh Lada hitam

ARAHAN:
a) Didihkan periuk besar air di atas dapur. Masukkan kentang goreng jicama dan rebus selama 12 hingga 15 minit, sehingga tidak lagi rangup.
b) Apabila jicama tidak rangup lagi, angkat dan keringkan.
c) Tetapkan ketuhar penggoreng udara kepada 400 darjah dan biarkan ia panas selama 2 hingga 3 minit. Minyakkan rak atau bakul penggoreng udara yang akan anda gunakan.
d) Letakkan kentang goreng ke dalam mangkuk besar bersama-sama dengan minyak zaitun, serbuk bawang putih, jintan putih, dan garam laut. Tos sampai kot.

87.Kebab Sayur

BAHAN-BAHAN:
- 1 cawan (75g) cendawan butang
- 1 cawan (200g) tomato anggur
- 1 zucchini kecil dipotong menjadi kepingan
- 1/2 sudu teh jintan halus
- 1/2 lada benggala dihiris
- 1 bawang kecil dipotong menjadi kepingan (atau 34 bawang merah kecil, dibelah dua)
- Garam secukup rasa

ARAHAN:
a) Rendam lidi dalam air selama sekurang-kurangnya 10 minit sebelum digunakan.
b) Panaskan penggoreng udara ke 390F / 198C.
c) Masukkan sayur pada lidi.
d) Letakkan lidi di dalam air fryer dan pastikan ia tidak bersentuhan. Jika bakul penggoreng udara kecil, anda mungkin perlu memotong hujung lidi supaya muat.
e) Masak selama 10 minit , pusingkan separuh masa memasak. Memandangkan suhu penggoreng udara boleh berbeza-beza, mulakan dengan masa yang lebih sedikit dan kemudian tambah lebih banyak mengikut keperluan.
f) Pindahkan kebab sayuran ke dalam pinggan dan hidangkan.

88. Spaghetti Skuasy

BAHAN-BAHAN:
- 1 (2 paun.) skuasy spageti
- 1 cawan air
- Ketumbar untuk dihidangkan
- 2 sudu besar ketumbar segar untuk hiasan

ARAHAN:

a) Potong labu separuh. Keluarkan benih dari pusatnya.

b) Tuangkan secawan air ke dalam sisipan Periuk Segera dan letakkan trivet di dalamnya.

c) Susun dua bahagian skuasy di atas trivet, dengan bahagian kulit di bawah.

d) Selamatkan tudung dan pilih "Manual" dengan tekanan tinggi selama 20 minit.

e) Selepas bip, lakukan pelepasan semula jadi dan keluarkan penutup.

f) Keluarkan labu dan gunakan dua garpu untuk mencariknya dari dalam.

g) Hidangkan dengan isi babi pedas jika perlu.

89. Salad Quinoa Timun

BAHAN-BAHAN:
- ½ cawan quinoa, dibilas
- ¾ cawan air
- ¼ sudu teh garam
- ½ lobak merah, dikupas dan dicincang
- ½ timun, dicincang
- ½ cawan edamame beku, dicairkan
- 3 bawang hijau, dicincang
- 1 cawan kobis merah yang dicincang
- ½ sudu besar kicap
- 1 sudu besar jus limau nipis
- 2 sudu besar gula
- 1 sudu besar minyak sayuran
- 1 sudu besar halia yang baru diparut
- 1 sudu besar minyak bijan
- secubit kepingan lada merah
- ½ cawan kacang tanah, dicincang
- ¼ cawan ketumbar yang baru dicincang
- 2 sudu besar basil cincang

ARAHAN:
a) Masukkan quinoa, garam dan air ke dalam Periuk Segera.
b) Selamatkan penutup dan pilih fungsi "Manual" dengan tekanan tinggi selama 1 minit.
c) Selepas bunyi bip, lakukan pelepasan cepat dan keluarkan penutup.
d) Sementara itu, masukkan bahan yang tinggal ke dalam mangkuk dan gaul rata.
e) Masukkan quinoa yang telah dimasak ke dalam campuran yang disediakan dan gaulkannya dengan baik.
f) Hidangkan sebagai salad.

90. Kentang Limau

BAHAN-BAHAN:
- ½ sudu besar minyak zaitun
- 2 ½ kentang sederhana, digosok dan dipotong dadu
- 1 sudu besar rosemary segar, dicincang
- Lada hitam yang baru dikisar secukup rasa
- ½ cawan sup sayur
- 1 sudu besar jus lemon segar

ARAHAN:
a) Masukkan minyak, kentang, lada, dan rosemary dalam Periuk Segera.
b) "Tumis" selama 4 minit dengan kacau berterusan.
c) Masukkan semua bahan yang tinggal ke dalam Periuk Segera.
d) Selamatkan tudung dan pilih fungsi "Manual" selama 6 minit dengan tekanan tinggi.
e) Lakukan pelepasan cepat selepas bunyi bip kemudian keluarkan penutupnya.
f) Kacau perlahan dan hidangkan hangat.

91. Terung Gaya Asia

BAHAN-BAHAN:
- 1 paun terung, dihiris
- 2 Sudu besar kicap tanpa gula
- 6 Sudu besar minyak bijan
- 1 sudu besar bijan untuk dihidangkan
- Garam dan lada sulah secukup rasa

ARAHAN:
a) Air Fryer anda kepada 185 darjah F
b) Masukkan semua bahan ke dalam beg vakum.
c) Tutup beg, masukkan ke dalam tab mandi air, dan tetapkan pemasa selama 50 minit.
d) Apabila masanya tamat, perangkan terung dalam kuali besi tuang selama beberapa minit.
e) Hidangkan segera ditaburkan dengan bijan.

92. Kacang Hijau Gaya Cina Pedas

BAHAN-BAHAN:
- 1 paun kacang hijau panjang
- 2 Sudu besar sos cili
- 2 ulas bawang putih, dikisar
- 1 Sudu besar serbuk bawang
- 1 Sudu besar minyak bijan
- Garam secukup rasa
- 2 sudu besar bijan untuk dihidangkan

ARAHAN:
a) Air Fryer anda kepada 185 darjah F.
b) Letakkan bahan dalam beg vakum.
c) Tutup beg, masukkan ke dalam tab mandi air, dan tetapkan pemasa selama 1 jam.
d) Taburkan kacang dengan bijan dan hidangkan.

93. Campuran Terung Herba dan Zucchini

BAHAN-BAHAN:
- 1 biji terung; kiub kasar
- 3 zucchini; kiub kasar
- 2 sudu besar jus lemon
- 1 sudu teh thyme; dikeringkan
- Garam dan lada hitam secukup rasa
- 1 sudu teh oregano; dikeringkan
- 3 Sudu besar minyak zaitun

ARAHAN:
a) Masukkan terung ke dalam hidangan yang sesuai dengan penggoreng udara anda, tambah zucchini, jus lemon, garam, lada sulah, thyme, oregano, dan minyak zaitun, toskan, masukkan dalam penggoreng udara anda dan masak pada 360 °F, selama 8 minit

b) Bahagikan antara pinggan dan hidangkan segera.

94. Bok Choy rebus

BAHAN-BAHAN:
- 1 ulas bawang putih, ditumbuk
- 1 tandan bok choy, dipotong
- 1 cawan atau lebih air
- Garam dan lada sulah secukup rasa

ARAHAN:

a) Masukkan air, bawang putih, dan bok choy ke dalam Periuk Segera.

b) Selamatkan penutup dan pilih fungsi "Manual" selama 7 minit dengan tekanan tinggi.

c) Selepas bunyi bip, lakukan pelepasan cepat dan keluarkan penutup.

d) Tapis bok choy yang telah dimasak dan pindahkan ke dalam pinggan.

e) Taburkan sedikit garam dan lada sulah di atas.

f) Hidang.

PENJERAHAN

95. Buah Hancur

BAHAN-BAHAN:
- 1 epal sederhana, dipotong dadu halus
- 1/2 cawan beri biru beku, strawberi atau pic
- 1/4 cawan ditambah 1 sudu besar tepung beras perang
- 2 sudu besar gula
- 1/2 sudu teh kayu manis tanah
- 2 sudu besar mentega bukan tenusu

ARAHAN:
a) Panaskan penggoreng udara hingga 350°F selama 5 minit.
b) Satukan epal dan beri biru beku dalam kuali pembakar atau ramekin yang selamat untuk penggoreng udara.
c) Dalam mangkuk kecil, satukan tepung, gula, kayu manis, dan mentega. Sudukan adunan tepung ke atas buah.
d) Taburkan sedikit tepung tambahan ke atas segala-galanya untuk menutup mana-mana buah yang terdedah.
e) Masak pada 350°F selama 15 minit.

96.Poket Pastri Buah

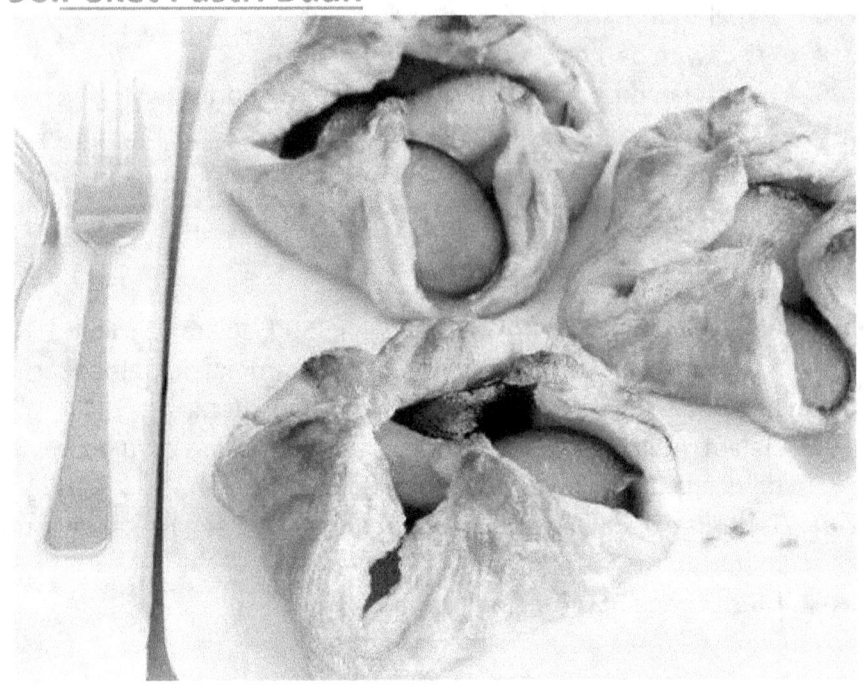

BAHAN-BAHAN:
- 4 auns doh gulung bulan sabit vegan
- 1 sudu besar tepung serba guna yang tidak diluncurkan
- 6 auns beri biru segar, strawberi atau beri hitam
- 1/2 sudu teh gula pasir
- 1/4 sudu teh buah pelaga kisar
- 1/4 sudu teh halia kisar
- 1 sudu teh gula halus

ARAHAN:

a) Bahagikan doh gulung bulan sabit kepada 4 bahagian yang sama banyak. Taburkan tepung di atas permukaan kerja dan canai kepingan doh kepada kepingan 5 x 5 inci, menggunakan lebih banyak tepung mengikut keperluan untuk mengelakkan melekat.

b) Dalam mangkuk sederhana, satukan beri biru, gula, buah pelaga, dan halia.

c) Panaskan penggoreng udara hingga 360°F selama 4 minit. Sudukan kira-kira 1/3 cawan adunan blueberry pada setiap kepingan doh. Lipat setiap sudut ke arah tengah.

d) Kerjakan tepi doh untuk memastikan ia tertutup; ia akan menyerupai poket. Masak pada 360°F selama 6 hingga 7 minit, atau sehingga perang keemasan.

e) Taburkan gula tepung pada poket pastri sebelum dihidangkan.

97. Epal Bakar

BAHAN-BAHAN:
- 1/2 cawan oat gulung
- 1 sudu teh gula perang
- 1 sudu besar mentega bukan tenusu, dilembutkan
- 1 sudu besar pecan dicincang kasar
- 1 sudu teh kayu manis tanah
- 4 epal besar Granny Smith atau epal pembakar lain, diiris

ARAHAN:
a) Panaskan penggoreng udara hingga 360°F selama 5 minit.
b) Dalam mangkuk kecil, satukan oat, gula perang, mentega, pecan, dan kayu manis.
c) Menggunakan sudu kecil, isi epal dengan campuran oat. Masak pada 360°F selama 20 hingga 25 minit.

98. Topping Buah-dan-Kacang Karamel

BAHAN-BAHAN:
- 1 sudu teh gula
- 1 sudu teh sirap agave ringan
- 1 sudu teh mentega bukan tenusu
- 1/2 cawan walnut yang dicincang kasar
- 1/2 cawan pecan yang dicincang kasar
- 1/2 cawan aprikot kering, ceri, cranberi atau kismis kering yang dicincang kasar
- 1/4 sudu teh kayu manis tanah

ARAHAN:
a) Satukan gula, sirap agave, dan mentega dalam kuali pembakar yang selamat untuk penggoreng udara.
b) Panaskan kuali dalam penggoreng udara selama 2 minit pada suhu 360°F. Keluarkan dari penggoreng udara.
c) Masukkan walnut, pecan, aprikot, dan kayu manis. Tos sampai kot. Kembalikan kuali ke bakul penggoreng udara.
d) Masak pada 390°F selama 5 minit, kacau selama 3 minit.

99.Halia-O goreng

BAHAN-BAHAN:
- 3/4 cawan campuran penkek segera vegan
- 2/3 cawan air
- 1/4 cawan tepung soya
- 1/8 sudu teh ekstrak vanila
- 1/2 sudu teh gula
- 8 biskut sandwic Newman's Own Ginger-O

ARAHAN:
a) Panaskan penggoreng udara hingga 390°F selama 5 minit. Letakkan sekeping kertas kertas pada bakul penggoreng udara; hanya cukup untuk menutup bahagian bawah dan tanpa lebihan terdedah.
b) Dalam mangkuk besar, satukan adunan pancake, air, tepung soya, vanila, dan gula, kacau rata.
c) Celupkan biskut ke dalam adunan satu persatu dengan penyepit. Goncangkan lebihan adunan dan pindahkan biskut ke dalam bakul air fryer. Anda mungkin perlu melakukan ini secara berkelompok, berdasarkan saiz penggoreng udara anda.
d) Masak pada 390°F selama 5 minit. Balikkan biskut, keluarkan kertas parchment. Masak selama 2 hingga 3 minit lagi. Kuih siap apabila ia berwarna perang keemasan.

100.Apple Pie Taquitos

BAHAN-BAHAN:
- 2 hingga 3 spritzes minyak kanola
- 1/4 cawan isi pai epal atau Chunky Applesauce (berikut)
- 2 (6 inci) tortilla jagung
- 1 sudu teh kayu manis tanah, dibahagikan

ARAHAN:
a) Renjis bakul penggoreng udara dengan minyak.
b) Sapukan 2 sudu besar inti pai ke atas 1 tortilla. Gulungkan tortilla ke atas dan letakkan di dalam bakul penggoreng udara.
c) Ulangi proses ini untuk mencipta taquito kedua. Renjiskan lebih banyak minyak pada bahagian atas tortilla. Taburkan 1/2 sudu teh kayu manis ke atas taquitos.
d) Masak pada 390°F selama 4 minit. Terbalikkan taquitos, taburkan baki 1/2 sudu teh kayu manis ke atas taquitos dan masak selama 1 minit lebih lama.

KESIMPULAN

Sambil kami mengakhiri perjalanan kami yang menggembirakan melalui "Buku masakan deep fryer vegan terbaik" kami berharap anda telah mengalami kegembiraan mencipta makanan vegan yang cepat dan mudah serta sihat dengan kemudahan alat penggoreng udara anda. Setiap resipi dalam halaman ini adalah perayaan kebaikan berasaskan tumbuhan, kecekapan dan kemungkinan lazat yang dibawa oleh penggoreng udara ke dapur anda—sebuah bukti kenikmatan masakan vegan yang mementingkan kesihatan dan penuh rasa.

Sama ada anda telah menikmati kesederhanaan sayur-sayuran goreng udara, menerima inovasi burger berasaskan tumbuhan, atau gembira dengan pencuci mulut goreng udara tanpa rasa bersalah, kami percaya bahawa resipi ini telah menyemarakkan minat anda untuk masakan goreng udara vegan. Di luar ramuan dan teknik, semoga konsep buku masakan penggoreng udara vegan yang muktamad menjadi sumber inspirasi, kecekapan dan perayaan kegembiraan yang datang dengan setiap ciptaan yang berkhasiat dan berperisa.

Sambil anda terus menerokai dunia masakan goreng udara vegan, semoga "Buku masakan deep fryer vegan terbaik" menjadi teman anda yang dipercayai, membimbing anda melalui pelbagai resipi yang mempamerkan kesederhanaan dan kesihatan masakan berasaskan tumbuhan. Inilah untuk menikmati hidangan vegan yang cepat dan mudah, menyihatkan, mencipta karya kulinari, dan menerima kelazatan yang disertakan dengan setiap hidangan yang digoreng. Selamat menjamu selera!